Kleine Reihe · Geschichte · Didaktik und Methodik

Herausgegeben von Bettina Alavi, Bernward Debus,
Saskia Handro und Christoph Kühberger

Martin Schlutow

Geschichte bilingual unterrichten

Didaktische Grundlagen und methodische Zugänge

Bibliografische Information der Deutschen Nationalbibliothek

Die Deutsche Nationalbibliothek verzeichnet diese Publikation in der Deutschen Nationalbibliografie; detaillierte bibliografische Daten sind im Internet über http://dnb.d-nb.de abrufbar.

www.wochenschau-verlag.de

Titelgestaltung: Ohl Design
Umschlagbild: © fotolia: Artenauta
Gesamtherstellung: Wochenschau Verlag
ISBN 978-3-7344-0241-8 (Buch)
ISBN 978-3-7344-0242-5 (E-Book)

Inhalt

1. Geschichte bilingual unterrichten – funktioniert das? Reaktionen und Herausforderungen

An vielen Schulen sind bilinguale Bildungsgänge mittlerweile fest etabliert. Allein für Deutschland zählte die Ständige Konferenz der Kultusminister der Länder in der Bundesrepublik Deutschland (KMK) im Jahr 2013 mehr als 1.500 Schulen, an denen ausgewählte Fächer ganz oder teilweise in einer Fremdsprache unterrichtet werden (vgl. KMK 2013, 4). Besonders häufig vertreten ist – neben Fächern wie Erdkunde oder Biologie – der bilinguale Geschichtsunterricht. Worin besteht der besondere Reiz dieser verhältnismäßig neuen Unterrichtsform, in der historisches Lernen Hand in Hand mit dem Erlernen einer Fremdsprache gehen soll?

Erwartungen an den bilingualen GU

Aus Schüler- und Elternsicht scheint bilingualer Geschichtsunterricht vor allem eine bildungsbiographische Bedeutung als „Distinktionsmittel" zu besitzen, gilt der Besuch einer Schule mit bilingualem Zweig doch als Zusatzqualifikation auf dem Arbeitsmarkt (vgl. Bernhardt 2011, 222). Ein ähnliches Bild ergibt sich, wenn man die Perspektive der Schulen in den Blick nimmt: Sie nutzen bilinguale Bildungsgänge primär zur Schärfung des eigenen Profils und wollen dadurch vor allem für Schüler/innen und Eltern mit den angesprochenen Ambitionen attraktiv werden. Von bildungspolitischer Seite werden dagegen zumeist die sprachlichen Herausforderungen „in einem zusammenwachsenden Europa" angeführt, auf die es Schüler/innen vorzubereiten gelte. Vor diesem Hintergrund verleiten „[h]ervorragende Prüfungsergebnisse" nicht nur Sylvia Löhrmann, Ministerin für

Schule und Weiterbildung des Landes Nordrhein-Westfalen, dazu, bilingualen (Geschichts-)Unterricht als „Erfolgsgeschichte“ zu interpretieren (Ministerium für Schule und Weiterbildung des Landes Nordrhein-Westfalen 2011, 3).

Ursprung des bilingualen GUs

In deutlichem Widerspruch dazu steht jedoch das Urteil vieler Geschichtsdidaktiker/innen über bilingualen Geschichtsunterricht. Sie bezweifeln dessen Nutzen für das historische Lernen, befürchten eine Vereinnahmung durch den Fremdsprachenunterricht (vgl. z. B. Hasberg 2004, 137) und fordern mitunter sogar seine Abschaffung (vgl. Bernhardt 2015). Dies lässt sich nicht zuletzt historisch erklären, denn die Einführung des bilingualen Geschichtsunterrichts entsprang keiner neuen (geschichts)didaktischen Idee, sondern dem politischen Willen zur Völkerverständigung. In seiner deutsch-französischen Variante ist er auf den Elysée-Vertrag zwischen Deutschland und Frankreich von 1963 zurückzuführen, der unter anderem eine Förderung der wechselseitigen Kenntnisse von Sprache und Geschichte bei deutschen und französischen Schüler/innen zum Ziel hatte. Und auch die deutsch-englische Variante des bilingualen Geschichtsunterrichts wurde nicht primär von didaktischen, sondern wesentlich von politischen, wirtschaftlichen und fremdsprachenpolitischen Erwägungen zur Förderung eines europäischen Binnenmarktes (verdichtet im Maastricht-Vertrag von 1992) vorangetrieben (vgl. Breidbach 2007, 53).

Bilingualität als Herausforderung der Unterrichtspraxis

Obwohl also bilingualer Geschichtsunterricht an vielen Schulen längst zum Alltag gehört, sehen sich die ihn unterrichtenden Lehrkräfte mitunter vor große Herausforderungen gestellt: Zwar sollen sie täglich „guten bilingualen Geschichtsunterricht“ realisieren, doch stehen ihnen in der geschichtsdidaktischen Literatur allenfalls einzelne, verstreut publizierte Hinweise zur Umsetzung dieses Unterrichtsprinzips zur Verfügung. Eine Didaktik des bilingualen Geschichtsunterrichts existiert nach wie vor nicht. Ziel des vorliegenden Bandes ist es deshalb, die wichtigsten didaktischen und methodischen Ansätze zu bündeln und sowohl Neulinge als auch erfahrene Lehrer/innen auf die besonderen Anforderungen des bilingualen Geschichtsunterrichts vorzubereiten. Im ersten Teil des Bandes wird es dabei vor allem um folgende Fragen gehen:

1. Unter welchen curricularen und schulischen Rahmenbedingungen wird bilingualer Geschichtsunterricht angeboten? (Kap. 2)
2. Welche Begriffe stehen zur Beschreibung bilingualen historischen Lernens zur Verfügung? (Kap. 3.1)
3. Welche Erkenntnisse liefern Fremdsprachen- und Geschichtsdidaktik über das Lernpotential bilingualen Geschichtsunterrichts? (Kap. 3.2 und 3.3)
4. Welche Folgerungen lassen sich aus diesen Erkenntnissen über die Realisierung gelungenen bilingualen Geschichtsunterrichts ziehen? (Kap. 3.3.2)

Im Mittelpunkt des zweiten Teils steht die unterrichtspraktische Anwendbarkeit dieser fachdidaktischen Befunde. Exemplarisch wird anhand von ausgewählten Quellen und Darstellungen zum Unterrichtsgegenstand „Imperialismus" das Lernpotential bilingualen deutsch-englischen Geschichtsunterrichts vorgestellt, und es werden verschiedene methodische Zugänge zum jeweiligen Material diskutiert (Kap. 4).

2. Curriculare und schulische Rahmenbedingungen

Bilinguales Lernen kann an den einzelnen Schulen sehr unterschiedliche Formen annehmen, ist aber in der Bundesrepublik zumindest von einer wichtigen Gemeinsamkeit gekennzeichnet: Als Leitfach für den bilingualen Unterricht gilt laut Kultusministerkonferenz das jeweilige Sachfach (vgl. KMK 2013, 8). Aus administrativer Sicht ist bilingualer Geschichtsunterricht also in erster Linie Geschichtsunterricht – wenn auch mit besonderen (fremd)sprachlichen Anforderungen.

Sachfach als Leitfach

Jenseits dieser gemeinsamen Grundlage regieren auf curricularer Ebene bereits innerhalb Deutschlands jedoch die Unterschiede. So wird bilingualer Unterricht in Bremen beispielsweise im Rahmen eines eigenen Faches *(European Studies)* erteilt, während in Bayern lediglich von einer „‚sinnvollen Ergänzung' fremd- und muttersprachlicher Unterrichtseinheiten" ausgegangen wird (vgl. Wildhage 2009, 78). Auch ist zu bedenken, dass bilingualer Geschichtsunterricht „in Bayern, Berlin (-Brandenburg), Hessen, Niedersachsen und Nordrhein-Westfalen ausdrücklich in die Curricula des Faches Geschichte integriert ist," während Baden-Württemberg und Bremen ihn den Sprachfächern zuordnen (vgl. Pflüger 2013, 226f.). Die Lehrpläne Österreichs und der Schweiz sind bei dieser Auflistung der Unterschiede noch nicht einmal berücksichtigt. Doch bereits nach solch einem kursorischen Überblick lässt sich feststellen: Von einheitlichen curricularen Rahmenbedingungen für bilingualen Geschichtsunterricht kann nicht die Rede sein.

Länderspezifika und Varianten

Auch an den einzelnen Schulen lassen sich teils sehr unterschiedliche organisatorische Varianten bilingualen Geschichtsunterrichts beobachten, denn nicht alle bieten ihn in gleicher Intensität und Kontinuität an. Mit Bärbel Kuhn lassen sich fünf verschiedene Modelle unterscheiden:

Modelle bilingualen Geschichtsunterrichts nach Kuhn (2012, 325):

1. „bilingualer Zweig" (in bestimmten Klassen eines Jahrgangs werden kontinuierlich über mehrere Jahrgangsstufen hinweg „Teile des Fachunterrichts in der Fremdsprache" unterrichtet)
2. „Fremdsprache als Arbeitssprache" (in der Oberstufe wird eine Abschlussprüfung in der Fremdsprache abgelegt)
3. „Fremdsprache als Arbeitssprache während mindestens eines Schuljahres" (auf kürzere Dauer angelegt als das zweite Modell)
4. „bilinguale Module" in ausgewählten Unterrichtssequenzen
5. „fächerübergreifende fremdsprachige Projekte"

Unabhängig von der Intensität und Dauer des erteilten bilingualen Geschichtsunterrichts ist für die konkrete Unterrichtsgestaltung jedoch wesentlich entscheidender, welche konzeptionellen Vorstellungen von bilingualem Geschichtsunterricht die jeweils unterrichtende Lehrkraft mitbringt. Da das bilinguale Unterrichtsprinzip an der Schnittstelle von Fremdsprachen- und Geschichtsdidaktik angesiedelt ist, wird es von einigen stärker als Fremdsprachenunterricht interpretiert, während andere den Aspekt des historischen Lernens in den Mittelpunkt des Unterrichts stellen. Diese unterschiedlichen Sichtweisen spiegeln sich auch in der Begriffsbildung.

3. Geschichte bilingual: ein kontrovers diskutiertes Unterrichtsprinzip

3.1 Begriffsvarianten

Phänomen Bilingualität

Der Begriff „bilingual" bezieht sich grundsätzlich auf zwei verschiedene Phänomene: Einerseits umschreibt er den Durchgang durch einen *natürlichen Spracherwerbsprozess* von Menschen, deren Muttersprache nicht die Umgebungssprache ist. Das Ergebnis dieses Spracherwerbs wird in der Literatur als „natürlicher Bilingualismus" bezeichnet und ist nicht nur in der Schweiz, sondern aufgrund vielfältiger Migrationsbewegungen auch in Österreich und der Bundesrepublik ein weit verbreitetes Phänomen. Davon abzugrenzen ist andererseits das „bilinguale Lehren und Lernen", welches sich auf die Form des *bewussten*, institutionalisierten *Fremdsprachenlernens* bezieht, wie sie für den bilingualen Geschichtsunterricht charakteristisch ist (vgl. Niemeier 2010, 25). Angesichts der unterschiedlichen Lernkontexte wäre es vermessen, im bilingualen Geschichtsunterricht dieselben fremdsprachlichen Kompetenzen anbahnen zu wollen, wie dies im „natürlichen Bilingualismus" geschieht. Deshalb sollte Bilingualismus im Zusammenhang „bilingualen Lehrens und Lernens" auch nicht als Ziel missverstanden, sondern als didaktisch-methodischer Begriff gesehen werden (vgl. Königs 2013, 34).

a) „Bilingualer Sachfachunterricht"

Fokus Fremdsprachenlernen

Richten wir den Fokus im Folgenden auf das „bilinguale Lehren und Lernen", so findet hierfür die Bezeichnung *bilingualer Sachfachunterricht* große Verbreitung. Da unter „Sachfächern" sämtliche Unterrichtsfächer gefasst werden, die „nicht im engeren Sinne Sprachfächer (Muttersprache und Fremdsprachen) sind" (Lamsfuß-Schenk 2008, 12), handelt es sich um einen fächerübergreifenden Begriff, der je nach Interessenschwerpunkt mit dem terminologischen Zusatz des unterrichteten „Sachfachs" versehen wird. Dass der Begriff vor allem in der Fremdsprachendidaktik, dagegen nur sehr selten in der Geschichtsdidaktik verwendet wird, ist wohl alles andere als Zufall. Hier offenbart sich eine deutliche Schwerpunktsetzung auf die Verbesserung fremdsprachlicher Kompetenzen im bilingualen Unterricht, da das Fach, mit dem diese Verbesserung erreicht werden soll, austauschbar erscheint. Wer also vom „bilingualen Sachfachunterricht Geschichte" spricht, sieht in der Regel das Ziel des Fremdsprachenlernens stärker im Mittelpunkt des Unterrichtsgeschehens als fachliche, in diesem Fall historische Lernziele.

b) „CLIL"

Gesellschaftspolitisch-kompensatorischer Ansatz

Auch wer den Begriff *Content and Language Integrated Learning* (CLIL) bevorzugt, sieht in der Sprachförderung den konzeptionellen Ausgangspunkt bilingualen Unterrichts. Anders als beim Begriff des „bilingualen Sachfachunterrichts" werden diese Ziele aber nicht fremdsprachendidaktisch begründet, sondern folgen einem gesellschaftspolitisch-kompensatorischen Ansatz: Gemeinsam mit dem Förderansatz zum „Sprachsensiblen Fachunterricht" sehen die Vertreter des Begriffs CLIL Sprachförderung mittels fachlichem Lernen als Instrument zur Förderung der Chancengleichheit und Integration von Schüler/innen mit Migrationshintergrund im Bildungswesen. Vom statistischen Dienst der Europäischen Union, Eurydice, wird CLIL definiert als „teaching of a current subject other than foreign languages in more than one language" (KMK 2006, 7), womit betont wird, dass sprachliches und fachliches Lernen Hand in Hand gehen sollen, anstatt ausschließlich in separaten – sprachlichen und fachlichen – Unterrichtsfächern zu erfolgen.

c) „Bilingualer Geschichtsunterricht"

Fokus historisches Lernen

Anders dürften dagegen diejenigen denken, die den Begriff des *bilingualen Geschichtsunterrichts* verwenden und damit einen dezidiert fachspezifischen Zugriff wählen. Nicht Fremdsprachenlernen, nicht Integration durch Sprachförderung, sondern das historische Lernen steht im Mittelpunkt dieses Ansatzes. Peter Geiss hat für den Begriff des „bilingualen Geschichtsunterrichts" die folgende Arbeitsdefinition vorgelegt, die auch diesem Band als Grundlage dienen soll:

Definition „bilingualer Geschichtsunterricht" nach Geiss (2009, 26):

„Bilingualer Geschichtsunterricht ist eine Form des Sachfachunterrichts, in der neben der Muttersprache eine Fremdsprache in methodisch reflektierter Form als Material- und Arbeitssprache verwendet wird. Der Anteil der Fremdsprache nimmt im Laufe des Bildungsgangs idealerweise zu, wobei der Aufbau fachterminologischer Kompetenzen in beiden Sprachen durch die Einbeziehung muttersprachlicher Materialien – insbesondere im Bereich der Quellen – in allen Phasen sichergestellt werden muss. Bilingualer Geschichtsunterricht verfügt über eine Didaktik sui generis, in der geschichts- und fremdsprachendidaktische Komponenten miteinander interagieren. Die Fremdsprachendidaktik nimmt dabei gegenüber der Geschichtsdidaktik eine dienende Funktion ein."

Was leistet diese Definition im Vergleich zu den vorherigen Ansätzen? Hilfreich ist sie für die Planung von bilingualem Geschichtsunterricht vor allem aus zwei Gründen: Erstens erkennt sie die Notwendigkeit einer integrativen Betrachtung von historischem und sprachlichem Lernen, womit sie dem aktuellen Diskussionsstand um eine „Didaktik des bilingualen Sachfachunterrichts" entspricht. Sie geht jedoch – zweitens – konzeptionell insofern einen Schritt weiter, als sie die Fachspezifik des Geschichtsunterrichts hervorhebt und die deutliche Vorgabe macht: Auch im bilingualen Geschichtsunterricht ist das Geschichtsbewusstsein Ausgangs- und Zielpunkt der angestrebten Lernprozesse.

Unterschiedliche Vorstellungen von den Zielen bilingualen historischen Lernens spiegeln sich also offenbar in unterschiedlichen Begriffen zur Beschreibung desselben Unterrichtsprinzips. Angesichts der zunehmenden Verbreitung bilingualer Bildungsgänge an den Schulen eint die verschiedenen Ansätze jedoch die gemeinsame Überzeugung, dass bilingualer Unterricht großes Potential zur Förderung unterschiedlichster Kompetenzen besitzt. Doch was wissen wir überhaupt über das Lernpotential bilingualen Geschichtsunterrichts? Welche Kompetenzen kann er tatsächlich besonders gut fördern, und welche Konsequenzen ergeben sich daraus für die eigene Unterrichtsgestaltung? Ein Überblick über die empirischen und theoretischen Befunde fachdidaktischer Forschungen kann bei diesen Fragen Klarheit verschaffen.

3.2 Bilingualer Geschichtsunterricht in der empirischen Forschung – eine Erfolgsgeschichte!

Empirie

Nehmen wir zunächst die Ergebnisse empirischer Studien zum bilingualen (Geschichts-)Unterricht in den Blick, geschieht dies ohne Anspruch auf einen vollständigen Forschungsüberblick, sondern vor allem unter der Fragestellung, welche Folgerungen sie für die eigene Unterrichtsgestaltung ermöglichen. Die bislang vorliegenden Untersuchungen fragen zwar fast ausschließlich einseitig entweder nach sprachlichen oder nach fachlichen Kompetenzzuwächsen und neigen deshalb dazu, die Interdependenz beider Aspekte auszublenden, doch gelangen sie weitgehend einhellig zu derselben Beurteilung bilingualen (Geschichts-)Unterrichts: Für sie lässt er sich als Erfolgsgeschichte beschreiben, da er in den unterschiedlichsten Bereichen Kompetenzen besser zu fördern vermag als die herkömmliche Kombination aus klassischem Fremdsprachenunterricht und muttersprachlich erteiltem Geschichtsunterricht.

a) Mehr Sprachkompetenz

Gesteigerte Sprachkompetenz als Zielkategorie

Die Mehrheit empirischer Studien zum bilingualen Unterricht fragt nach seinem Potential zur Förderung sprachlicher Kompetenzen. Das hat vor allem zwei Gründe: Zum einen sei an die Entstehungsgeschichte des bilingualen Unterrichts erinnert. Wir haben bereits gesehen, dass in der Bundesrepublik der bilinguale Geschichtsunterricht vor allem unter politischen, wirtschaftlichen und fremdsprachenpolitischen

Vorzeichen an immer mehr Schulen angeboten wurde, da von bildungspolitischer Seite zunehmendes Interesse daran bestand (und besteht), die *Fremdsprachen*kompetenzen der Schüler/innen zu fördern.

Zum anderen setzten sich parallel zur zunehmenden Ausbreitung bilingualer Bildungsgänge aber auch innerhalb der Fremdsprachendidaktik neue Ansichten über die zentralen Inhalte und Methoden des Fremdsprachenunterrichts durch. Auffällig sind dabei die großen konzeptionellen Schnittmengen zwischen bilingualem (Geschichts-)Unterricht und den neu aufkommenden Konzepten des Fremdsprachenunterrichts. Die sich seit den späten 1960er Jahren in der Fremdsprachendidaktik durchsetzenden Ansätze forderten eine Abkehr vom bis dahin üblichen formorientierten Wortschatz- und Grammatikunterricht zugunsten einer möglichst authentischen, anwendungsbezogenen Kommunikation über gesellschaftlich relevante Inhalte im Fremdsprachenunterricht. Dieselben Richtlinien – Anwendungs- und Inhaltsorientierung – dominieren auch den Zugang zum Fremdsprachenlernen im bilingualen Unterricht (vgl. Breidbach 2007, 61 ff.).

Es drängt sich deshalb die Frage auf, ob sich mit dem anwendungs- und inhaltsorientierten bilingualen Unterricht tatsächlich die erhoffte Verbesserung fremdsprachlicher Kompetenzen bei den Schüler/innen erreichen lässt. Die vorliegenden empirischen Studien, die dieser Frage nachgehen, stimmen durchweg optimistisch, da sie insgesamt eine höhere allgemeine Sprachkompetenz bilingual unterrichteter Schüler/innen beobachteten (vgl. zusammenfassend Heine 2013, 216 ff.). Nachgewiesen wurden positive Effekte unter anderem in folgenden Bereichen:

- Wortschatz und Satzbau
- Lese- und Hörverstehen
- Textrekonstruktion
- mündlicher und schriftlicher Ausdruck
- angemessenere Verwendung der Sprache in diskurspragmatischer Hinsicht
- *language awareness*

Es ist hier nicht der Ort für eine ausführliche theoretische und methodologische Diskussion der diese Ergebnisse liefernden Studien. Im Großen und Ganzen erwecken sie jedoch den Eindruck, dass bilingualer Unterricht, der auf anwendungsbezogene Kommunikation über gesellschaftliche (hier: historische) Probleme angelegt ist, die Schüler/innen in vielfältigen Bereichen ihrer sprachlichen Kompetenzen fördern kann. Für bilingual unterrichtende Lehrkräfte kann dies als Ermutigung zu problemorientiertem Geschichtsunterricht mit einer Schwerpunktsetzung auf fachliche, also historische Inhalte gedeutet werden.

b) Mehr Fremdverstehen

Potentiale für das historische Lernen

Auch im Hinblick auf das historische Lernen wirken die Befunde empirischer Forschungen auf den ersten Blick ermutigend. Mit der Perspektive bilingual unterrichteter Schüler/innen beschäftigen sich vor allem die Dissertationen von Stefanie Lamsfuß-Schenk und Beate Helbig. Zentral sind dabei vor allem die folgenden Befunde:

- Bilingualer Geschichtsunterricht „bietet eine besonders günstige Lernumgebung" (Lamsfuß-Schenk 2008, 247) für Fremdverstehen.
- Schüler/innen zeigen häufig ein besseres, vertieftes Verständnis der bearbeiteten Textquellen und verwenden historisch genauere Begriffe (vgl. ebd., 249).
- Um das vertiefte Textverständnis zu ermöglichen, wird in bilingualen Geschichtsstunden häufig auf Texterschließungsverfahren aus dem Fremdsprachenunterricht zurückgegriffen (vgl. Helbig 2001, 321).
- Sowohl im Unterrichtsgespräch als auch in Partner- und Gruppenarbeitsphasen greifen bilingual unterrichtete Schüler/innen zum Verständnis komplexer historischer Sachverhalte oder Textquellen regelmäßig auf ihre Muttersprache zurück (vgl. ebd., 319).

Nehmen wir die Befunde aus den Befragungen bilingual unterrichtender Lehrkräfte durch Anne Ingrid Kollenrott und Elke Müller-Schneck in den Blick, fallen unter anderem folgende Aspekte ins Auge:

- Häufig werden sowohl Quantität als auch Qualität des für bilingualen Geschichtsunterricht zur Verfügung stehenden Materials moniert (vgl. Kollenrott 2008, 233; Müller-Schneck 2006, 217).
- Daraus resultiert ein erhöhter Vorbereitungsaufwand für den bilingualen Geschichtsunterricht.
- Positiv eingeschätzt wird aber auch von Seiten der Lehrer/innen sein Potential zur Förderung von Perspektivwechseln und interkulturellem historischem Lernen (vgl. Müller-Schneck 2006, 242).

Unterrichtspraktische Konsequenzen

Was bedeuten diese Befunde für die Unterrichtspraxis? Zunächst einmal legen die Studien – jenseits ihrer theoretischen und methodologischen Fallstricke (vgl. dazu Kap. 3.3.1) – den Eindruck nahe, dass bilingualer Geschichtsunterricht nicht nur die sprachlichen, sondern auch die historischen Kompetenzen seiner Schüler/innen positiv beeinflussen kann, und zwar insbesondere in den Bereichen des Fremdverstehens und des historischen Textverstehens. Damit decken sich die empirischen Befunde zum fachlichen Lernpotential in wesentlichen Punkten mit Überlegungen, die in der Theoriediskussion zum bilingualen Geschichtsunterricht zu finden sind – und das paradoxer Weise, obwohl die Validität der Ergebnisse der genannten empirischen Studien mitunter angezweifelt wird.

3.3 Bilingualer Geschichtsunterricht in der theoretischen Forschung – eine Erfolgsgeschichte?

Während in der empirischen Literatur zum bilingualen Geschichtsunterricht weitgehende Einigkeit über die positiven Auswirkungen auf die Kompetenzen der Schüler/innen herrscht, ist ein derartiger Konsens in der theoretischen Literatur nicht zu erkennen. Vielmehr treffen hier vehemente Befürworter dieses Unterrichtsprinzips auf Skeptiker des bilingualen historischen Lernens, was nicht zuletzt zur Folge hat, dass die vorgestellten empirischen Befunde äußerst unterschiedlich bewertet werden. Ist bilingualer Geschichtsunterricht also tatsächlich eine Erfolgsgeschichte?

3.3.1 Vorsicht vor zu hohen Erwartungen

Skepsis bezüglich positiver Effekte

Skeptische Stimmen bezüglich der positiven Effekte bilingualen historischen Lernens werden zum einen bei der Interpretation der empirisch erhobenen Befunde laut. Das beginnt bereits auf der Ebene der *sprachlichen Kompetenzen.* Zwar gilt es als unstrittig, dass bilinguale Schüler/innen ein höheres fremdsprachliches Kompetenzniveau erreichen als ihre Mitschüler/innen, doch sagen die bislang durchgeführten Studien wenig über die Ursachen dieser Ergebnisse aus. So lässt sich u.a. vermuten, dass bilingual unterrichtete Schüler/innen bereits deshalb bessere Ergebnisse in den Untersuchungen erzielen, weil sie insgesamt mehr Kontakt zur Fremdsprache haben als ihre Mitschüler/innen – mit der entsprechenden Stundenzahl reinen Fremdsprachenunterrichts wären eventuell dieselben positiven Effekte zu erzielen (vgl. Heine 2013, 217). Zudem ist es naheliegend, dass Schüler/innen, die sich für einen bilingualen Zweig entscheiden, schon vor Durchlaufen des bilingualen Bildungsgangs „eine eher sprachaffine und motiviertere Lerngruppe darstellen, mehr Strategien zur Erschließung unbekannten Wortschatzes in der L2 [der zu erlernenden Fremdsprache, Anm. Schlutow] kennen und mehr Selbstvertrauen besitzen und deshalb bessere sprachliche Leistungen erbringen“ (Heine 2013, 217). Das Verhältnis von Ursache und Wirkung für bessere sprachliche Leistungen bilingual unterrichteter Schüler/innen ist also offenbar noch nicht hinreichend geklärt.

Kritik an der Empirie

Auch die empirischen Befunde zu den positiven Auswirkungen bilingualen Geschichtsunterrichts auf die *historischen Kompetenzen* werden wegen – zweifellos vorhandener – theoretischer und methodischer Schwächen der erwähnten Arbeiten in Frage gestellt. Kritisiert werden vor allem folgende Aspekte:

- Theoriedefizite: Allen Arbeiten fehlt es an ausreichender Berücksichtigung geschichtsdidaktischer Grundlagenliteratur, was unter anderem zu folgenden Problemen führt:
  - Fremdverstehen wird vielfach einseitig auf international unterschiedliche Geschichtsbilder in Deutschland,

Frankreich, Großbritannien etc. reduziert (so z. B. bei Kollenrott 2008 u. Müller-Schneck 2006).
  - Es wird häufig verkannt, dass Fremdverstehen im Geschichtsunterricht nicht nur eine kulturelle, sondern vor allem auch eine historische Dimension besitzt (vgl. Hasberg 2004, 133).
- Methodeneffekte:
  - Der Vergleich einer bilingual unterrichteten Klasse mit ihrer Parallelklasse (vgl. Lamsfuß-Schenk 2008) liefert keine belastbaren Ergebnisse über die höhere Effektivität des Erlernens von Fremdverstehen (vgl. u. a. Zusammensetzung der Klassen, Unterricht als hochkomplexer Prozess).
  - Historisches Lernen wird teilweise überhaupt nicht anhand historischer Textgattungen (Quellen und Darstellungen), sondern mittels fiktiver Dilemma-Situationen angebahnt (vgl. z. B. Beetz/Blell/Klose 2005).
- Einseitige Deutung der empirischen Befunde:
  - Die von Lamsfuß-Schenk (2008) nachgewiesene genauere Verwendung historischer Begriffe könnte z. B. nicht nur auf vertieftes Textverständnis hindeuten, sondern auch auf fehlende fremdsprachliche Begriffsalternativen zu den im Text verwendeten.

Grundsätzliche Bedenken

Zum anderen werden jenseits der Kritik an einzelnen empirischen Studien zum historischen Lernen im bilingualen Geschichtsunterricht Bedenken hinsichtlich der Passfähigkeit historischen und fremdsprachlichen Lernens in einem Unterrichtsprinzip formuliert. Grundsätzliche Skepsis gegenüber dem bilingualen Geschichtsunterricht wird vor allem geäußert bezüglich

- seines Einsatzes als „soziales Selektionskriterium“ (Bernhardt 2015):

  Immer wieder wird befürchtet, bilingualer Geschichtsunterricht könne die Schüler/innen sowohl sprachlich als auch fachlich überfordern (vgl. Richter 2002, 98), und auch von bildungspolitischer Seite werden die hohen kognitiven Anforderungen dieses Unterrichtsprinzips erkannt, weshalb die KMK es als „Beitrag zur Begabtenförderung“ (2013, 5) begreift. In der Schullandschaft spiegelt sich dies in der Tatsache wider, dass der weitaus größte Teil bilingualer Bildungsgänge an Gymnasien angeboten wird (vgl. KMK 2013, 27ff.). Ist bilingualer Geschichtsunterricht also „[n]ur für die Privilegierten“, ein „Gymnasium im Gymnasium“ (Bernhardt 2015)?

- der Tendenz zur politischen Indienstnahme:
  Ebenso fragwürdig erscheint es, dass bilingualer Geschichtsunterricht sowohl in administrativen Schriften (vgl. etwa Ministerium für Schule und Weiterbildung des Landes Nordrhein-Westfalen 2011, 5) als auch in einigen Studien (vgl. z. B. Müller-Schneck 2006, 15) als Instrument zur Förderung einer europäischen Identität angesehen wird, da derartige Zielvorstellungen eine Tendenz zur Gesinnungsbildung aufweisen und damit den Grundsätzen einer modernen Geschichtsdidaktik aufs Deutlichste widersprechen (vgl. Schönemann 2008, 222ff.).
- der sprachlichen Dimension historischen Lernens:
  Das Verhältnis von (fremd)sprachlichem und historischem Lernen ist nach wie vor weitgehend ungeklärt. Trotz zahlreicher Forderungen, beide Dimensionen nicht additiv, sondern integrativ zu berücksichtigen, werden sowohl in der Fachliteratur als auch in den curricularen Vorgaben (fremd)sprachliches und historisches Lernen meist als getrennte Größen behandelt (vgl. Hasberg 2007, 44ff.). Die vielfältigen Verflechtungen von Sprache und Geschichte bleiben dabei auf konzeptioneller Ebene außen vor.

Insgesamt verdeutlichen sowohl die Kritikpunkte an den empirischen Studien als auch die grundsätzlichen Bedenken gegenüber bilingualem Geschichtsunterricht, dass allzu optimistische Interpretationen der Effekte bilingualen historischen Lernens als reine „Erfolgsgeschichte“ unangebracht sind. Vielmehr fehlt es bislang sowohl an überzeugenden empirischen Forschungen als auch an einem theoretischen Gesamtkonzept für gelungenen bilingualen Geschichtsunterricht. Einzelne Theorie-Bausteine lassen sich aber sehr wohl zusammentragen. Was wissen wir also aus der theoretischen Literatur über die Ziele, Inhalte, Methoden und Medien bilingualen Geschichtsunterrichts?

3.3.2 Bausteine einer Didaktik für den bilingualen Geschichtsunterricht

‚Berliner Modell' als Orientierung

Die Schilderung wesentlicher Bausteine einer Didaktik für den bilingualen Geschichtsunterricht bedarf der Systematisierung. Hilfreich ist hierfür auch heute noch das so genannte „Berliner Modell" der Allgemeindidaktiker Paul Heimann, Gunter Otto und Wolfgang Schulz, da es „in seiner relativ einfachen Struktur auch mit aktuellen Unterrichtstheorien zumindest teilweise kompatibel ist" (Thünemann 2015, 258). Ursprünglich mit dem Ziel entwickelt, einen theoretischen Rahmen für die Analyse und Planung von Unterricht im Allgemeinen zur Verfügung zu stellen, unterschieden sie zwischen zwei Bedingungsfeldern (anthropogene und soziokulturelle Voraussetzungen) und vier Entscheidungsfeldern von Unterricht – den Zielen, Inhalten, Methoden und Medien (vgl. Heimann/Otto/Schulz 1979, 23). Dieses fachunspezifische Modell soll im Folgenden konkretisiert werden, indem die wichtigsten Erkenntnisse zu den vier Entscheidungsfeldern bilingualen Geschichtsunterrichts zusammengetragen werden, da sich das Zusammenspiel fremdsprachen- und geschichtsdidaktischer Prinzipien auf diesem Wege gut veranschaulichen lässt.

Ziele bilingualen GUs

a) Welche Ziele verfolgt bilingualer Geschichtsunterricht?

Zieldimension Geschichtsbewusstsein

1. Reflektiertes Geschichtsbewusstsein und historisches Denken: Bilingualer Geschichtsunterricht ist und bleibt in erster Linie Geschichtsunterricht. Er sollte deshalb an der zentralen Zieldimension des reflektierten Geschichtsbewusstseins ausgerichtet sein. Auch die daraus abzuleitenden Kompetenzen historischen Denkens, die unabhängig von dem jeweils bevorzugten Kompetenzmodell im Wesentlichen aus den einzelnen Schritten der historischen Methode abzuleiten sind, geben in gleichem Maße die Ziele des regulären wie des bilingualen Geschichtsunterrichts vor (vgl. z. B. Sauer 2013, 19 ff.).

2. Fremdsprachliche Kompetenzen – Schwerpunkt Fachsprache: Es ist naheliegend, dass es in bilingualem Geschichtsunterricht auch um die Vermittlung fremdsprachlicher Kompetenzen geht. Mittels seines inhalts- und anwendungsorientierten Ansatzes sollen kommunikative Kompetenzen (vor allem das Hör-, Seh- und Leseverstehen sowie das Schreiben und das dialogische und monologische Sprechen), methodische Kompetenzen (z. B. im Umgang mit Texten und Medien) und Kompetenzen im Bereich der Verfügbarkeit sprachlicher Mittel (Wortschatz, aber auch Grammatik, Orthographie sowie Aussprache und Intonation) gefördert werden (vgl. Ministerium für Schule und Weiterbildung des Landes Nordrhein-Westfalen 2007, 21). Damit unterscheiden sich die fremdsprachlichen Ziele bilingualen Geschichtsunterrichts zunächst nicht weiter von den Zielen regulären Fremdsprachenunterrichts. Wichtig ist in diesem Zusammenhang allerdings die Unterscheidung zwischen Alltags- und Fachsprache. Während im Fremdsprachenunterricht beide Aspekte – Alltags- und Fachsprache – gleichermaßen eine Rolle spielen, zielt bilingualer Geschichtsunterricht insbesondere auf die Vermittlung historischer Fachsprache in der Fremdsprache: Die Analyse, Interpretation und Beurteilung historischer Probleme soll zunehmend eigenständig in der Fremdsprache erfolgen.

Fachsprache fördern und einfordern

3. Reflexivität und Fremdverstehen: Am ausführlichsten werden in der theoretischen Literatur zum bilingualen Geschichtsunterricht die Zielsetzungen Reflexivität und Fremdverstehen diskutiert. Erstere geht auf den bislang umfangreichsten Versuch einer Theoriebildung für den bilingualen Unterricht durch den Fremdsprachendidaktiker Stephan Breidbach zurück. Zentral ist für ihn die Einsicht, dass Fremdheitserfahrungen als Grunderfahrung von Bildungsprozessen angesehen werden können, die „unter postmoderner Perspektive [...] im Horizont *permanenter* Differenzerfahrungen und ohne Aussicht auf eine abschließende Versöhnung zu einem *einheitlichen* Verhältnis von Subjekt und Welt“ stattfinden (Breidbach 2007, 209). Unter solchen Bedingungen ist es laut Breidbach möglich und sinnvoll, refle-

Reflexivität und Fremdverstehen als Zielsetzungen

xive Lernprozesse in den Mittelpunkt bilingualen Unterrichts zu stellen. Nicht zuletzt wegen seines überfachlichen Ansatzes bleiben Breidbachs Ausführungen hinsichtlich der Konsequenzen für den bilingualen Unterricht allerdings relativ vage, wenn er zum Beispiel fordert, die Didaktik müsse sich „auf offene Lernwege einlassen" (2007, 243).

Speziell auf den bilingualen *Geschichts*unterricht bezieht sich dagegen die Zieldimension des Fremdverstehens. Auch sie wird nicht nur im bilingualen, sondern auch im muttersprachlichen Geschichtsunterricht als grundlegendes Ziel historischen Lernens aufgefasst und von Bettina Alavi folgendermaßen definiert:

Definition „Fremdverstehen" nach Alavi (1998, 87):

„*Fremdverstehen* kann zusammenfassend als geistiger Prozeß verstanden werden, in dem das Neue (Fremde, Befremdliche, vom Eigenen Abweichende) soweit wie möglich in den Zusammenhang mit Bekanntem gebracht und dieses gleichzeitig erweitert wird. Fremdes wird ‚verstanden', wenn man *persönliche Bezüge* zu sich selber herstellen, d.h. *Gemeinsamkeiten und Unterschiede erkennen* kann."

Die gängige Annahme, die zumindest scheinbar auch durch empirische Studien unterstützt wird, lautet nun, dass solche Lernprozesse im bilingualen Geschichtsunterricht besonders anregend umgesetzt werden können. Begründet wird dies vor allem über die inhaltliche Fokussierung bilingualen Geschichtsunterrichts auf Geschichte und Sprache des eigenen Landes, des Zielsprachenlandes (bzw. der Zielsprachenländer) und deren beziehungsgeschichtliche Verflechtungen.

Inhalte bilingualen GUs

b) Welche Inhalte stehen im Mittelpunkt bilingualen Geschichtsunterrichts?

Hallets bilingual triangle

Damit knüpft das Ziel des Fremdverstehens im bilingualen Geschichtsunterricht an das in der Literatur zum bilingualen Sachfachunterricht breit rezipierte Modell des *bilingual triangle* von Wolfgang Hallet an, mit Hilfe dessen für die bilingual unterrichteten Sachfächer spezifisch bilinguale Unterrichtsgegenstände ermittelt werden sollen. Angesichts gegenwärtiger gesellschaftlicher Veränderungen, die laut Hallet vor allem auf die Entstehung der Informationsgesellschaft, die Globalisierung und die Entwicklung der wissenschaftlich-technischen Zivilisation zurückzuführen sind, betrachtet er die „Fähigkeit, sich auch in spezifischen beruflichen und fachlichen Kontexten in einer fremden Sprache zu bewegen", als fundamentales Ziel schulischen Lernens. Die dafür erforderliche „Vertrautheit mit fremden Sprachen und Kulturen" lässt sich, so Hallet, insbesondere durch den bilingualen Sachfachunterricht herbeiführen (Hallet 1998, 117f.). Um die geeigneten Unterrichtsinhalte zu ermitteln, sollte das bilinguale Lehren und Lernen demnach von drei Dimensionen bestimmt werden: In der ersten Dimension beschäftigen sich die Lernenden mit „Phänomenen und Sachverhalten der eigensprachlichen Kultur und Gesell-

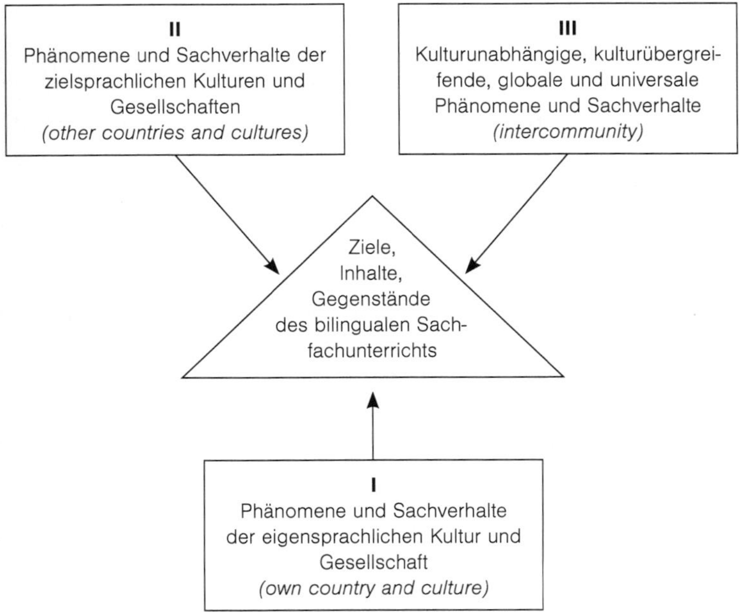

Abb. 1: Das bilingual triangle von Wolfgang Hallet (1998, 119).

schaft". Die zweite Dimension richtet den Fokus auf „Phänomene und Sachverhalte der zielsprachlichen Kulturen und Gesellschaften", während in der dritten Dimension „kulturunabhängige, kulturübergreifende, globale und universale Phänomene und Sachverhalte" zu thematisieren sind.

Hallet, Professor für Fachdidaktik des Englischen, entwickelt damit ein fachübergreifendes Modell. Für den Geschichtsunterricht sind deshalb einige domänenspezifische Konkretisierungen vonnöten, um das heuristische Potential des *bilingual triangle* zu entfalten. So erhält laut Wildhage der bilinguale Geschichtsunterricht sein eigenständiges inhaltliches Profil zum einen durch die besondere Betonung der zweiten Dimension des *bilingual triangle*, vor allem aber auch durch „die Integration der drei Zielfelder in Form thematischer Schnittmengen und entsprechender Materialarrangements" und durch die „Perspektivierung deutscher Geschichte" (2009, 84). Damit gewinnen insbesondere beziehungsgeschichtliche Aspekte an Relevanz für den bilingualen Geschichtsunterricht, deren Thematisierung aber stets von der Verfügbarkeit geeigneter Quellen und Darstellungen in beiden Sprachen des Faches abhängig ist (z. B. *Anglo-German Relations between 1890 and 1914*, *British Appeasement Policy* oder *The Cold War*, vgl. Richter 2002, 89).

Es ist allerdings zu bedenken, dass diesem Ansatz zur Schärfung eines eigenständigen inhaltlichen Profils für den bilingualen Geschichtsunterricht durch die jeweils gültigen curricularen Vorgaben relativ enge Grenzen gesetzt werden, so dass die Passfähigkeit des *bilingual triangle* mit den vorgeschriebenen Inhalten des Geschichtsunterrichts nur teilweise gegeben ist. Auch setzt eine Inhaltsauswahl mit Hilfe des halletschen Ansatzes epochal einen deutlichen Akzent auf neuzeitliche Geschichte und bevorzugt sektoral politik- und herrschaftsgeschichtliche Inhalte, was aus geschichtsdidaktischer Perspektive problematisch erscheint.

c) Welche Methoden prägen den bilingualen Geschichtsunterricht?

Methoden bilingualen GUs

1. Methoden des Geschichtsunterrichts: Da es sich bei bilingualem Geschichtsunterricht primär um Geschichtsunterricht handelt, sind auch seine Methoden in erster Linie vom muttersprachlich erteilten Geschichtsunterricht abzuleiten (vgl. hierzu Günther-Arndt/Handro 2015). Ganz gleich jedoch, welcher methodische Zuschnitt im bilingualen Geschichtsunterricht Anwendung findet – im Sinne eines kompetenzorientierten Geschichtsunterrichts sollten die Entwicklung historischer Fragen, die Quellenkritik, die Interpretation historischer Quellen und Darstellungen sowie das Narrativieren und Beurteilen auch im Mittelpunkt des bilingualen Geschichtsunterrichts stehen.

Historischer Vergleich

In Abgrenzung zum herkömmlichen Geschichtsunterricht wird allerdings dem Aspekt des Vergleichs eine besondere Bedeutung im bilingualen Geschichtsunterricht zugesprochen. Dies erklärt sich durch seine inhaltliche Schwerpunktsetzung auf beziehungsgeschichtliche Aspekte und unterschiedliche Perspektivierungen von Geschichte. Kultur- und sprachenspezifische Unterschiede historischer Deutungen treten dabei ganz besonders im Vergleich historischer Begriffe vor Augen. Für den deutsch-englischen Geschichtsunterricht wird dies zum Beispiel an Begriffspaaren wie „Völkerwanderung – *Barbarian Migrations*“ oder „Christliches Abendland – *Western Civilization*“ deutlich (vgl. Richter 2002, 101). Mehr noch als im muttersprachlichen Geschichtsunterricht stehen also die geschichtsdidaktischen Prinzipien der Multiperspektivität und der Kontroversität im Mittelpunkt methodischen Handelns.

Methoden der Fremdsprachendidaktik

2. Ergänzende methodische Aspekte des Fremdsprachenunterrichts: Wie der Arbeitsdefinition von Geiss zu entnehmen ist, prägen aber auch fremdsprachendidaktische Erwägungen die Methodik des bilingualen Geschichtsunterrichts. Das drückt sich zunächst im bereits erwähnten inhalts- und anwendungsorientierten Zugriff auf Fremdsprachenlernen aus: Nicht das relativ kontextfreie Einüben von Lexemen und Satzbausteinen (formorientierter Ansatz), sondern das

möglichst eigenständige Kommunizieren über historische Fragestellungen steht methodisch im Mittelpunkt bilingualen Geschichtsunterrichts (vgl. Müller-Hartmann/Schocker-von Ditfurth 2014, 20 u. 154). Dieser Ansatz wirkt sich auch auf den Umgang mit sprachlicher Korrektheit im bilingualen Geschichtsunterricht aus. Im Zentrum des fremdsprachendidaktischen Interesses für Schüleräußerungen steht nicht die sprachliche Korrektheit, sondern die Botschaft des Gesagten/Geschriebenen (vgl. ebd., 155).

Zudem lassen sich auch die aktuell gängigen Methoden der Wortschatzarbeit im Fremdsprachenunterricht auf den bilingualen Geschichtsunterricht übertragen. Neues Vokabular sollte in der Regel nicht kontextfrei als Liste von Einzelwörtern eingeführt, sondern nach Möglichkeit in Form von Kollokationen oder Wortfeldern stets im Zusammenhang der jeweiligen Verwendung gelernt werden (vgl. Kieweg 2002, 5). Zu unterscheiden ist dabei zwischen drei verschiedenen Kategorien von Vokabular, die je nach Relevanz für das Unterrichtsgeschehen unterschiedlich aufzuarbeiten sind:

Kategorien des Vokabulars für den bilingualen Geschichtsunterricht nach Wildhage (2009, 102):

1. „**Fachterminologie im engeren Sinne**: z. B. Ballhausschwur – *Tennis Court Oath*, Dolchstoßlegende – *Stab in the Back Myth*; unbedingt zweisprachig schulen!
2. **Transferfähiges Vokabular und Wortfelder für den historisch-politischen Diskurs**: z. B. *to pass an act*, *to encourage economic recovery*, *to put up resistance*; nicht nur Vokabelgleichungen, sondern Kollokationen!
3. **Vokabular, das nur im Kontext der vorliegenden Quelle wichtig ist**: muss nicht verbindlich gelernt bzw. systematisch geübt werden.“

Anforderungsbereiche nach Cummins

3. Integration von historischem und (fremd)sprachlichem Lernen: Will man der Methodik bilingualen Geschichtsunterrichts gerecht werden, genügt es allerdings nicht, geschichtsdidaktische und fremdsprachendidaktische Aspekte getrennt zu thematisieren. Denn fachliches – hier: historisches – Lernen ist ohne Sprache undenkbar, während gleich-

zeitig die Grenzen fachlichen Lernens oft schon durch die Grenzen sprachlicher Kompetenzen gesetzt werden. Rezipiert werden in diesem Zusammenhang vor allem die Studien des Psychologen James Cummins, der bereits in den 1970er Jahren nach dem Verhältnis von fachlichem und sprachlichem Lernen bei Schüler/innen mit Migrationshintergrund fragte. Mit seiner viel diskutierten Unterscheidung von *basic interpersonal communicative skills* (BICS) und *cognitive academic language proficiency* (CALP) setzte er einen wichtigen Impuls zur Sensibilisierung für die Interdependenz fachlichen und sprachlichen Lernens.

Cummins entwickelte seine Theorie allerdings nicht für bilinguales Lehren und Lernen, sondern für Formen des natürlichen Bilingualismus. Seinen Untersuchungen zufolge ist schulischer Misserfolg von Schüler/innen mit Migrationshintergrund zu einem erheblichen Teil nicht auf ihre fachlichen Leistungen, sondern auf ihre fehlenden Kompetenzen im Bereich der schulisch eingeforderten Bildungssprache zu-

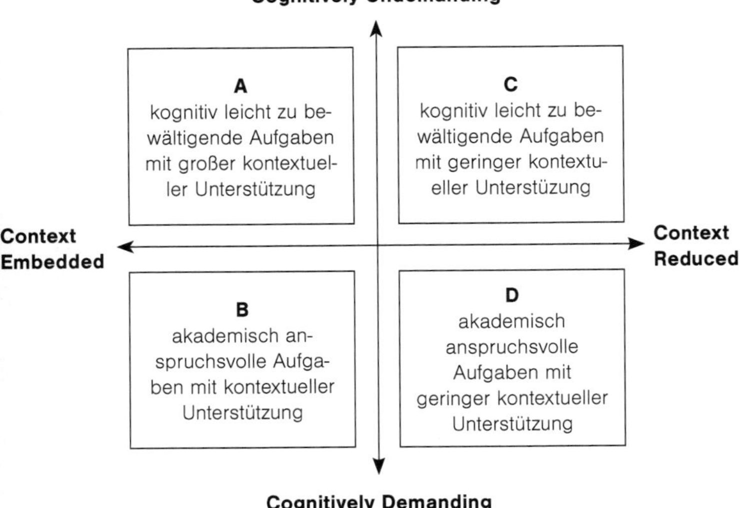

Abb. 2: Anforderungsbereiche schulischer Aufgabenstellungen auf sprachlicher und fachlicher Ebene nach Cummins (2000, 68).

rückzuführen. Während diese Schüler/innen meist innerhalb relativ kurzer Zeit hinreichende sprachliche Fähigkeiten zur Bewältigung ihrer Alltagskommunikation in der Umgebungssprache (BICS) erworben hätten, bräuchten sie meist ein Minimum von fünf Jahren (oft noch länger), um mit den akademischen Sprachkompetenzen (CALP) mithalten zu können. Umso schwieriger sei dies, weil die Verwendungssituationen der Alltagssprache durch eine Vielzahl kontextueller Hilfestellungen gestützt seien *(context embedded)*, während in der akademischen Sprache oft auf abstrakterem, kontextarmem Niveau kommuniziert würde *(context reduced)*. Die sprachlichen Anforderungen schulischen Lernens bewegen sich damit zwischen den Polen *cognitively undemanding* (BICS) und *cognitively demanding* (CALP) einerseits sowie *context embedded* und *context reduced* andererseits.

Konsequenzen für den bilingualen GU

Welche Konsequenzen ergeben sich aus diesen Erkenntnissen für schulisches Lernen in bilingualen Kontexten? Es gilt mittlerweile als gesichert, dass ein bloßes „Untertauchen" (Submersion) der bilingual aufwachsenden Schüler/innen im Unterricht der offiziellen Landessprache zu geringeren Erfolgen führt als eine Förderung der bewussten Auseinandersetzung mit fachlichen Inhalten sowohl in der Herkunfts- als auch in der Fremdsprache (Immersion und Transition). Dies kann allerdings – nicht zuletzt wegen der deutlich längeren Erwerbsphase im Bereich der CALP – nur durch langfristige Fördermaßnahmen erfolgversprechend sein (vgl. Leisen 2013, 68). Laut Cummins sind sie am effektivsten, wenn sich die im Unterricht gewählten Aufgabentypen in seinem Diagramm langsam vom Quadrant A (kognitiv leicht zu bewältigende Aufgaben mit großer kontextueller Unterstützung) über den Quadrant B (akademisch anspruchsvolle Aufgaben mit kontextueller Unterstützung) zu Quadrant D (akademisch anspruchsvolle Aufgaben mit geringer kontextueller Unterstützung) entwickelten (vgl. Cummins 2000, 71).

Übertragen wir diese Erkenntnisse auf das bilinguale Lehren und Lernen, so bedeutet das für die Methodik des bilingualen Geschichtsunterrichts vor allem zweierlei:

1. Bilingualer Geschichtsunterricht ist dem Konzept der

„funktionalen Mehrsprachigkeit" verpflichtet (vgl. u. a. Otten/Wildhage 2009, 31).

- Das heißt: Angesichts der Tatsache, dass Fremdsprachenlernende für den Aufbau akademischer Kommunikationskompetenzen auf bereits bekannte Konzepte aus der Muttersprache zurückgreifen, besitzt neben der jeweiligen Zielsprache auch die Muttersprache ihren legitimen Platz im bilingualen Geschichtsunterricht. Sie sollte allerdings methodisch bewusst und in einer für die Schüler/innen transparenten Weise in das Unterrichtsgeschehen eingebunden werden.

2. Verschiedene Formen des *scaffolding* unterstützen die Schüler/innen bei der sprachlichen Bewältigung fachlicher Aufgabenstellungen im bilingualen Geschichtsunterricht. Dies kann sich zum Beispiel ausdrücken in
   - der situationsangemessenen Reaktivierung und Vernetzung von Vorwissen,
   - der Visualisierung von Zusammenhängen,
   - dem Erarbeiten und Anwenden von Textsortenwissen,
   - dem Bereitstellen von Satzbausteinen und Wortfeldern zu verschiedenen fachsprachlichen Themengebieten oder
   - der „eindeutige[n] Festlegung des erwarteten Produkts (Outcome-Definition mit explizitem Bezug auf Textsorte und relevante Diskursfunktionen in der Aufgabenstellung)" (vgl. Thürmann 2013, 242).

d) Welche Medien werden im bilingualen Geschichtsunterricht eingesetzt?

Medien bilingualen GUs

Während sich die Didaktik bilingualen Geschichtsunterrichts also auf den Ebenen der Lernziel- und Methodenwahl auf Aspekte des Geschichts- *und* des Fremdsprachenunterrichts stützt, dominiert im Bereich der Medien – parallel zur Inhaltsauswahl – eindeutig die fachliche Ausrichtung dieses Unterrichtsprinzips. Das heißt: Die ganze Bandbreite historischer Quellen und Darstellungen, die im regulären Geschichtsunterricht zum Einsatz kommen, prägt auch den bilingualen Geschichtsunterricht (vgl. hierzu Pandel/Schneider 2011).

Trotz dieser gemeinsamen Grundlage lohnt allerdings ein kurzer Blick auf einige Besonderheiten der Medienwahl im bilingualen Geschichtsunterricht, denn das Angebot geeigneter Lehr- und Lernmaterialien ist auch heute noch vergleichsweise überschaubar. Eingesetzt werden können vor allem

- eigens für den bilingualen Geschichtsunterricht entwickelte Schulbücher,
- Schulbücher des jeweiligen Zielsprachenlandes,
- Themenhefte und Sammlungen von Unterrichtsvorschlägen der Lehrmittelverlage,
- Unterrichtsvorschläge in den einschlägigen Fachzeitschriften („Praxis Geschichte", „Geschichte lernen" etc.) und
- Angebote mit originalsprachlichen Quellen und Darstellungen aus dem Internet (vgl. Wildhage 2009, 109 f.).

Jede dieser Formen von Unterrichtsmaterial ist – wie auch im regulären Geschichtsunterricht – von ihren je eigenen Potentialen und Problemen geprägt. Von grundsätzlicherer Natur ist allerdings die Frage, ob auf originalsprachliche Schulbücher der Zielsprachenländer oder auf bilinguale Schulbücher deutschsprachiger Schulbuchverlage zurückgegriffen wird. Schulbücher aus dem Zielsprachenland bieten zwar den Reiz des authentischen fremdsprachlichen Inputs, sind aber nicht in Deutschland zugelassen und nur teilweise mit dem Konzept des quellenbasierten, problemorientierten Geschichtsunterrichts kompatibel. Eigens für den bilingualen Unterricht entwickelte Bücher deutschsprachiger Verlage arbeiten demgegenüber quellenorientiert und lehrplankonform. Andererseits geht in diesem Hybridmodell aus Fremdsprachen- und Geschichtsschulbuch jedoch allzu oft der Reiz und das Lernpotential eines authentisch fremden Blicks auf Geschichte verloren, den die originalsprachlichen Schulbücher bieten können.

Authentizität des Unterrichtsmaterials

Die Frage nach der Authentizität der im bilingualen Geschichtsunterricht eingesetzten Medien geht jedoch weit über die Schulbuchauswahl hinaus. Vielmehr berührt sie auch ein in der Literatur häufig angeführtes Argument für das besondere didaktische Potential bilingualen Geschichtsunterrichts. So wird betont, durch die Beschäftigung mit „authentische[n] historische[n] Quellen in der Fremdsprache“ biete der bilinguale Geschichtsunterricht bessere Möglichkeiten für Perspektivenwechsel und interkulturelles Lernen als der muttersprachliche Geschichtsunterricht (Lamsfuß-Schenk 2008, 250). Diese Argumentation geht jedoch von einem unzutreffenden Verständnis des Begriffs Authentizität aus, da die Schüler/innen auch im muttersprachlichen Geschichtsunterricht nur äußerst selten tatsächlich mit sprachlich authentischen Quellen arbeiten – in der Regel sind diese zwecks besseren Verständnisses nicht nur stark gekürzt, sondern auch sprachlich geglättet (vgl. Hasberg 2007,

Abb. 3: Entscheidungsfelder des bilingualen Geschichtsunterrichts in Anlehnung an das Berliner Modell.

46). Umso mehr dürfte dies auf den bilingualen Geschichtsunterricht zutreffen: Wer würde schon ernsthaft von Schüler/innen verlangen wollen, mittelalterliche Quellen zur englischen Geschichte im Alt- und Mittelenglischen zu lesen?

Im Prozess der Unterrichtsplanung sollte dem Kriterium der sprachlichen Authentizität deshalb besondere Beachtung geschenkt werden. Grundsätzlich gilt zwar die Regel, dass ursprünglich deutschsprachige Quellen auch im bilingualen Geschichtsunterricht in deutscher Sprache zur Verfügung stehen sollten, um ihnen nicht durch die Übersetzung eine zusätzliche Verfremdungsebene hinzuzufügen, doch kann in einem Vergleich der deutschen Fassung mit der englischen Übersetzung einer Quelle den Schüler/innen besonders deutlich vor Augen geführt werden, dass Übersetzung zugleich Interpretation bedeutet und damit einhergehend historische Deutung immer an Sprache gebunden ist (vgl. Richter 2002, 101). Die Frage nach der sprachlichen Authentizität der Quellen verdeutlicht also, dass die Wahl geeigneter Medien auch im bilingualen Geschichtsunterricht in funktionaler Beziehung zur Lernziel-, Inhalts- und Methodenauswahl stehen muss. Der im Modell der Berliner Schule hervorgehobenen Interdependenz dieser vier Entscheidungsfelder des Unterrichts sollte man sich deshalb auch bei der Planung bilingualen Geschichtsunterrichts stets bewusst bleiben.

4. Geschichte bilingual unterrichten – das Beispiel Imperialismus

Aus geschichtsdidaktischer Sicht bietet das Zeitalter des Imperialismus, das in der beispiellosen Aufteilung eines ganzen Kontinents unter wenigen Großmächten gipfelte, großes Lernpotential, da zentrale Prinzipien der Unterrichtsplanung in den Geschichtsunterricht eingebunden werden können (vgl. Thünemann 2015, 262 ff.: Gegenwartsbezug, Multiperspektivität, Problemorientierung). So ist es auch wenig erstaunlich, dass das Zeitalter des Imperialismus ein gängiges, lehrplanrelevantes Inhaltsfeld für den Geschichtsunterricht im Allgemeinen darstellt. Im bilingualen Geschichtsunterricht lässt sich die Wahl dieses Unterrichtsgegenstands zudem mit den drei Dimensionen der Inhaltsauswahl für bilingualen Unterricht gemäß Hallets *bilingual triangle* legitimieren, da der Imperialismus insbesondere für den deutsch-englischen und den deutsch-französischen Unterricht als „Phänomen der eigensprachlichen“ und der „zielsprachlichen Kulturen“, vor allem jedoch auch als „kulturübergreifendes, globales Phänomen“ betrachtet werden kann, für das wir über eine reichhaltige Auswahl an Quellen und Darstellungen in den jeweils relevanten Sprachen verfügen.

Definieren und differenzieren

Ehe einige der für bilinguales historisches Lernen besonders ertragreichen Materialien näher beleuchtet werden, gilt es allerdings in Kürze wesentliche Definitions- und Periodisierungsfragen zu klären. Zwar ist sowohl der Begriff des Imperiums als auch der „‚Drang‘ oder ‚Trieb‘ zur Bildung großer Imperien […] seit der Antike nachweisbar“ (Schöllgen/Kießling 2009, 1), doch sahen bereits die Zeitgenossen des späten 19. Jahrhunderts seit den 1870er, spätestens jedoch seit den 1880er Jahren eine neue Qualität im Drang der Kolonialmächte zur territorialen Expansion erreicht, weshalb der Begriff des Imperialismus sich heute vor allem auf die Zeit von den 1870er/1880er Jahren bis zum Beginn des Ersten Weltkriegs bezieht und im Wesentlichen definiert wird als „Prozeß der territorialen Expansion der großen Industriestaaten in die überseeischen Räume, mit dem Ziel der Begründung eigener Kolonien oder gar eigener Weltreiche" (Mommsen 1977, 19). Diese Definition verdeckt jedoch die Tatsache, dass sich sowohl die Methoden der Aneignung neuer Territorien als auch die Formen kolonialer Herrschaft stark unterscheiden konnten (vgl. u. a. die Differenzierung zwischen formellem und informellem Imperialismus [z. B. Hobsbawm 2004, 99 ff.] oder zwischen Stützpunkt-, Beherrschungs- und Siedlungskolonien [Zimmerer 2012, 11]).

Angesichts der Vielgestaltigkeit des Phänomens erscheint es daher irreführend, von *dem* Imperialismus zu sprechen, weshalb die Ausführungen dieses Kapitels allenfalls Schlaglichter auf diese Epoche werfen können. Wichtiger für die Beschäftigung mit dem Imperialismus im bilingualen Geschichtsunterricht ist allerdings ein weiterer Aspekt, der mit der Perspektivierung historischer Analysen zum Imperialismus zusammenhängt – und dies sowohl in zeitlicher als auch in räumlicher Hinsicht. Denn das traditionelle Narrativ in historischer Forschung und Geschichtsunterricht deutet den Imperialismus in zeitlicher Hinsicht allzu oft als Vorgeschichte des Ersten Weltkriegs. Eine solch teleologische Sicht auf den Gegenstand bewirkt wiederum eine räumliche Perspektivenverengung, bedeutet sie doch zugleich, dass der Imperialismus primär in Bezug auf die außenpolitischen Auseinandersetzungen zwischen den europäischen Großmächten untersucht wird, die Folgen der europäischen Expansionspolitik in der „Peripherie" dagegen von sekundärem Interesse erscheinen. Dem Imperialismus als Epoche von globalgeschichtlicher Bedeutung wird eine solch eurozentrische, teleologische Interpretation kaum gerecht (vgl. Osterhammel 2009, 578 f.). Deshalb wird in diesem Kapitel einerseits bewusst darauf verzichtet, Bezüge zwischen den imperialen Konflikten der europäischen Mächte und dem Ausbruch des Ersten Weltkriegs herzustellen, und andererseits wird mit der Berücksichtigung einer geschichtskulturellen Kontroverse im heutigen Namibia auch der globalgeschichtlichen Bedeutung des Imperialismus Rechnung getragen.

4.1 „Kolonialmächte" – die Interpretation von Karikaturen als Gesprächsanlass

Anwendungsbeispiel: Karikatur

Im Bereich der bildlichen Quellen kann die Karikatur als klassisches Medium bilingualen historischen Lernens gelten. Insbesondere wenn Karikaturen sich mit nationalen Stereotypen und/oder der Politik anderer Länder auseinandersetzen und diese meist verunglimpfen oder verurteilen, bieten Karikaturen im bilingualen Geschichtsunterricht die Möglichkeit, auf der Ebene nationaler Selbst- und Fremdbilder mit den Schüler/innen die Perspektivität historischer Wahrnehmungen zu untersuchen. Und auf den ersten Blick scheint dies mittels einer Karikaturenanalyse auch deutlich leichter erreichbar zu sein als im Rahmen einer Beschäftigung mit schriftlichen Quellen, da nicht nur die überspitzte Darstellungsweise, sondern auch der weitgehende Verzicht auf Schriftsprache – und damit auf gegebenenfalls unbekanntes Vokabular – den Schluss nahelegt, Karikaturen könnten einen schülernahen Zugang zur Auseinandersetzung mit historischer Perspektivik ermöglichen.

Im Zusammenhang mit dem Inhaltsfeld Imperialismus stellt die 1904 im „Simplicissimus" publizierte Karikatur „Kolonialmächte" des deutschen Zeichners und Schriftstellers Thomas Theodor Heine eine besonders verbreitete Bildquelle in den Unterrichtsmaterialien dar und ist deshalb ein guter Ausgangspunkt, um Lernziele und Methoden der Karikaturenanalyse im bilingualen Geschichtsunterricht zu diskutieren.

Aussage der Karikatur

Auf der Ebene des Bildinhalts bietet sich die Karikatur sowohl für den deutsch-englischen als auch für den deutsch-französischen bilingualen Geschichtsunterricht an, da sie an verbreitete nationale Stereotype über Deutsche, Engländer und Franzosen anknüpft und diese bildlich auf national unterschiedliche Formen der Kolonialherrschaft überträgt. Die

Abb. 4: Thomas Theodor Heine: Kolonialmächte. In: Simplicissimus, Jg. 1904, H. 6.

Darstellung der belgischen Kolonialherrschaft muss hier als Sonderfall gesehen werden, da sie nicht direkt an Vorurteile über „typische Belgier“ anknüpft, sondern primär auf die schon von Zeitgenossen heftig kritisierten „Kongo-Gräuel“ der belgischen Kolonialherren anspielt. Die Aussage scheint dabei zunächst eindeutig und leicht zu entschlüsseln:

- Die deutsche Kolonialherrschaft ist durch Ordnung und militärische Disziplin gekennzeichnet – also durch typisch „deutsche Tugenden", die selbst dem afrikanischen Tierreich aufgezwungen werden.
- Die englischen Kolonialherren schieben christlich-missionarische Motive vor, pressen in Wahrheit jedoch mit unlauteren Mitteln den größtmöglichen wirtschaftlichen Gewinn aus ihren Kolonien heraus.
- „Der" französische Kolonist verfällt dagegen – typisch „französisch" eben – den weiblichen Reizen der kolonisierten Menschen und widmet sich in den neuen Territorien ganz dem Austausch von Zärtlichkeiten.

Beschreiben, entschlüsseln und vergleichen

Hier werden also gängige Klischees aufgegriffen, deren Entschlüsselung auf inhaltlicher Ebene in der Tat auch in einer bilingualen Lerngruppe der Sekundarstufe I möglich sein dürfte, doch ist die Arbeit mit dieser Karikatur im bilingualen Geschichtsunterricht wohl weniger leicht, als es auf den ersten Blick scheint. Denn gerade durch das vollständige Fehlen schriftlicher Sprachstützen wird die Beschreibung und Interpretation dieser Karikatur in einer Fremdsprache unter Umständen zu einer echten Herausforderung (vgl. Schmelter 2012, 44). Darüber hinaus kann sich bilingualer Geschichtsunterricht nicht mit der Beschreibung und Entschlüsselung der beschriebenen Klischees begnügen, sondern sollte sich auch um einen Vergleich derselben sowie um eine historische Kontextualisierung und Beurteilung des Dargestellten bemühen. Das bedeutet: Nur wenn die in der Karikatur transportierten Stereotype auch in Beziehung zur Frage nach den historischen Motiven deutscher und britischer Kolonialpolitik gesetzt werden, kann mit dieser Karikatur historisches Denken angeregt werden. Zu unterscheiden sind deshalb für die Arbeit mit dieser Karikatur vor allem zwei verschiedene Zielebenen, die zwar aufeinander aufbauen, jedoch andere methodische Schwerpunkte im Umgang mit der Karikatur erfordern (vgl. zum Begriff des Schwerpunktlernziels Berger/Schmidtmann 2014, 36).

Lernziele

Schwerpunktlernziel	Methodischer Ansatz
Karikaturenanalyse in der Fremdsprache: die Schritte einer Karikaturenanalyse in der Fremdsprache umsetzen	Einsatz verschiedener *scaffolding*-Verfahren bei der Analyse der Karikatur
Sachurteil durch Kontextualisierung: Abgleich der Analyseergebnisse mit den historischen Motiven britischer und deutscher Kolonialpolitik	Vergleichen der Bildaussagen mit Verfassertexten über die historischen Motive britischer und deutscher Kolonialpolitik

a) Karikaturenanalyse in der Fremdsprache

Scaffolding-Varianten auf sprachlicher Ebene

Das Schwerpunktlernziel, die Karikatur vor allem als Gesprächsanlass – also zur mündlichen Verwendung der Fremdsprache – zu nutzen, lässt sich für den Einsatz dieser Karikatur im bilingualen Geschichtsunterricht im Wesentlichen in zwei Teilziele untergliedern: Auf fachlicher Ebene geht es um die methodisch korrekte Analyse einer Bildquelle, während sich in sprachlicher Hinsicht vor allem die mündliche Kommunikation in der Fremdsprache trainieren lässt. Das fachliche Anforderungsniveau ist damit bei diesem Lernziel relativ niedrig angesetzt, das sprachliche hängt dagegen stark vom Maß des Einsatzes sprachlicher Stützen *(scaffolding)* bei der Karikaturenanalyse ab. Zu unterscheiden ist deshalb zwischen vier verschiedenen Ebenen von *scaffolding*, die bei der Analyse der vorliegenden Karikatur hilfreich sein können und je nach sprachlichem Kompetenzniveau der Schüler/innen in mehr oder weniger großer Vollständigkeit zum Einsatz kommen können:

- Auf *fach- und themenunspezifischer Ebene* ist es gerade für jüngere und sprachlich schwächere Schüler/innen sinnvoll, vor der eigentlichen Karikaturenanalyse zentrale Begriffe der Bildbeschreibung in der Fremdsprache zu wiederholen. Sie sollten zwar aus dem Fremdsprachenunterricht bekannt sein, müssen aber unter Umständen mit der hier vorliegenden Aufgabe verknüpft werden. Formulierungshilfen wie *in the foreground – in the background* oder *on the left/left-hand side – on the right/right-hand side* können für die Beschreibung der Karikatur „Kolonialmächte" von wesentlicher Bedeutung für die erfolgreiche Bewältigung der Bildbeschreibung sein. Hilfreich hierfür sind kleine Visualisierungen, wie sie im Fremdsprachenunterricht geläufig sind.

Abb. 5: Describing a picture (Schumacher 2008, 10).

- Auch das *themenspezifische Vokabular* – hier zum Unterrichtsgegenstand Imperialismus – sollte den Schüler/innen im Vorfeld der Karikaturenanalyse zumindest teilweise vertraut sein (vgl. Wildhages erste Kategorie des Vokabulars für den bilingualen Geschichtsunterricht: „Fachterminologie im engeren Sinne"). Im Anschluss an einen problemorientierten Einstieg in die Reihe kann es also sinnvoll sein, in Anlehnung an den Fremdsprachenunterricht mit den Schüler/innen zunächst ein Wortfeld zum Begriff *imperialism* zu erarbeiten.
- Nicht weniger wichtig ist es außerdem, dass *Begriffe und Kollokationen zur Quellengattung Karikatur* erarbeitet oder wiederholt werden. Sie lassen sich bei Wildhage der zweiten Kategorie zuordnen („transferfähiges Vokabular und Wortfelder für den historisch-politischen Diskurs")

und können beispielsweise auch Satzbausteine beinhalten, wie sie das bilinguale Schulbuch „Invitation to History" auf der Methodenseite „Analysing political cartoons" zur Verfügung stellt:

„*The characters represent/stand for/symbolize …*
The caption is ironic/humorous/ … because … […]
The animal is drawn/presented in a realistic/an unrealistic way. […]
The character is portrayed favourably/unfavourably/as being … […]
The cartoonist wants to show/criticizes/makes fun of/tries to convince people that …" (Weeke 2006, 18).

- Auch auf der Ebene des *quellenspezifischen Vokabulars* ist eine begriffliche Vorentlastung als *scaffolding*-Maßnahme unter Umständen vonnöten (vgl. Wildhages dritte Kategorie: „Vokabular, das nur im Kontext der vorliegenden Quelle wichtig ist"). Hierbei sollte allerdings als Faustregel die im Fremdsprachenunterricht übliche Beschränkung auf nicht mehr als sechs bis acht zentrale, verständnisnotwendige Vokabeln eingehalten werden. Je nach Begriff kann es – anders als im Fremdsprachenunterricht üblich – zudem nützlich sein, auch die entsprechenden deutschen Begriffe zu klären, damit den Schüler/innen bestimmte historische Begriffe auch in ihrer Muttersprache vertraut sind – so z.B. bei „*spiked helmet* – Pickelhaube".

Quellengattung Karikatur

Dem Konzept des inhalts- und anwendungsorientierten Fremdsprachengebrauchs folgend, dienen diese *scaffolding*-Maßnahmen jedoch nur als *sprachliche* Stützen zur Realisierung der Hauptaufgabe im Umgang mit der Karikatur – ihrer fachgerechten Analyse. Deshalb kann *scaffolding* hier auch auf der Ebene der Quellengattung Karikatur ansetzen, indem vor der eigentlichen Analyse die wesentlichen Merkmale dieser Quellengattung sowie die wichtigsten Analyseschritte reaktiviert werden. Erstere fast Michael Sauer wie folgt zusammen:

Merkmale der Quellengattung Karikatur nach Sauer (2012, 104):

„Karikaturen zeigen keine historischen Sachverhalte; sie sind Quellen dafür, wie Menschen etwas gesehen und beurteilt haben, und sie lassen als Werturteile meist an Deutlichkeit kaum zu wünschen übrig. Das macht sie für den Unterricht besonders interessant. Aber sie bieten auch besondere Verständnisschwierigkeiten, denn sie arbeiten mit übertragener Bedeutung. Das Objekt der Darstellung wird verfremdet; es bleibt erkennbar, wird aber zugleich neu gedeutet. Das kann z. B. durch die Verzerrung oder Überzeichnung einer Person geschehen; die Darstellung des Äußeren dient als moralischer Spiegel, in dem ihre Eigenschaften oder Handlungsweisen in Erscheinung treten. [...] Deshalb müssen Karikaturen immer erst ‚übersetzt' werden: Es gilt, die gemeinte Person oder den Sachverhalt wie die Art und den Bereich der Übertragung zu identifizieren, ihr Verhältnis zu klären und so zu einer Deutung zu gelangen."

Bei dem Einsatz von Karikaturen im bilingualen Geschichtsunterricht sollte man sich der Tatsache bewusst sein, dass schon in der Muttersprache die Entschlüsselung von übertragener Bedeutung für Schüler/innen der Sekundarstufe I eine anspruchsvolle Aufgabe darstellen kann. Umso wichtiger ist es deshalb, mit der Klasse die wichtigsten Schritte der Analyse einer Karikatur zu erarbeiten, um gezielt die Aspekte übertragener Bedeutung in der vorliegenden Karikatur zu identifizieren. Präzise zusammengefasst werden sie ebenfalls in „Invitation to History", wo zwischen sechs Schritten der Karikaturenanalyse unterschieden wird.

Schritte der Karikaturenanalyse im bilingualen Geschichtsunterricht (Weeke 2006, 18):

"*Context:* Identify the event the cartoon refers to. Look at the caption to see where and when the cartoon was published and what type of magazine, newspaper or other publication it was in. Who was the intended audience for the cartoon?
Content: Describe the action taking place in the cartoon. Pay close attention to any captions, titles, labels, name tags, dialogue, or speech bubbles, as well as symbols used by the cartoonist to portray people, events and issues.

> *Target:* Who or what is being criticised? Is the cartoon criticising or sympathising with a person, group or country? On whose 'side' is the cartoonist?
> *Technique:* What techniques is the cartoonist using to express his or her view?
> a) Look for anything that seems exaggerated. [...]
> b) Look for symbols. [...]
> c) Look for analogies. [...]
> *Message:* What is the cartoonist's message or comment? What is the cartoonist's position on the event? What is his or her point of view on the topic portrayed in the cartoon? Give examples to support your interpretation. What special groups would agree/disagree with the cartoon's message? Why? Do you agree with the cartoonist's message? Explain.
> *Evaluating cartoons as historical sources:* For historians, all sources are 'windows to past events'. What do we see and learn 'through' the cartoon?"

Scaffolding-Varianten auf fachlicher Ebene

Wenn es darum geht, die Schritte der Karikaturenanalyse auf Heines „Kolonialmächte" anzuwenden, ist im Sinne der Differenzierung auch auf dieser *fachlichen* Ebene des *scaffolding* das Kompetenzniveau der Schüler/innen entscheidend für die methodische Umsetzung der Karikaturenanalyse. Drei Alternativen sollen im Folgenden vorgeschlagen werden, deren Gemeinsamkeit die gewählte Sozialform der Partnerarbeit ist: Anknüpfend an das Schwerpunktlernziel, eine mündlich vorgenommene Karikaturenanalyse in der Fremdsprache durchzuführen, beschreiben und analysieren die Schüler/innen in allen drei Varianten zunächst arbeitsteilig einen Abschnitt der Karikatur (z. B. nur das Motiv „So kolonisiert der Deutsche" oder „So kolonisiert der Engländer"), erklären ihre Ergebnisse dem jeweiligen Partner und trainieren hierbei den mündlichen Gebrauch der Fremdsprache im Rahmen einer Karikaturenanalyse. Anschließend gelangen sie zu einem gemeinsamen Fazit bzgl. der *message* der Karikatur „Kolonialmächte". Hierbei ermöglicht die Partnerarbeit den Schüler/innen zunächst eine „geschützte" Kommunikation in der Fremdsprache, ehe die Ergebnisse mit der gesamten Klasse diskutiert werden. Je nach Kompetenzniveau der Schüler/innen sind folgende Varianten denkbar:

- Für im Umgang mit Karikaturen ungeübte Schüler/innen bietet es sich an, beiden Schüler/innen die zwei ausgewählten Abschnitte der Karikatur vorzulegen, so dass sie sich bei Problemen mit der Bewältigung der Aufgabe gegebenenfalls nicht erst bei der gemeinsamen Suche nach der *message* der Karikatur, sondern schon bei der Umsetzung der ersten Schritte der Karikaturenanalyse unterstützen können. Genauso hilfreich kann es sein, eine „Anleitung“ zur Karikaturenanalyse wie die oben zitierte aus „Invitation to History“ zur Verfügung zu stellen. Die Aufgabenstellung sollte dann konkret darauf verweisen, welche Aspekte der Karikaturenanalyse zu welchem Teil der Partnerarbeit zu rechnen sind, so z. B.:
  1. Analyse your part of Heine's cartoon „Kolonialmächte“ according to steps one to four of your study guide „Analysing political cartoons“: Take notes on its context, its content, its target and its technique. Then tell your partner about your results.
  2. Compare your findings concerning both parts of the cartoon with your partner and formulate a summary for your analysis which describes the message of the cartoon in one to three sentences (step five of „Analysing political cartoons“).
- Anspruchsvoller ist die arbeitsteilige Analyse der Karikatur in Partnerarbeit, wenn die Schüler/innen diese Aufgaben bearbeiten sollen, ohne eine Liste mit Arbeitsschritten der Karikaturenanalyse vorliegen zu haben. Das Anforderungsniveau kann darüber hinaus erhöht werden, indem jede/r Schüler/in nur denjenigen Abschnitt der „Kolonialmächte“ vorliegen hat, den er tatsächlich analysieren soll. Auf sprachlicher Ebene sind dadurch in der ersten Teilaufgabe die Anforderungen an das monologische Sprechen in der Fremdsprache höher als in der ersten Variante der Partnerarbeit, und auf fachlicher Ebene bedeutet es, dass jede/r Schüler/in mit der Entschlüsselung der übertragenen Bedeutung des eigenen Karikatur-Abschnitts zunächst auf sich allein gestellt ist, ehe die Ergebnisse im Dialog zusammengetragen werden.

- Eine weitere Steigerung des Anforderungsniveaus erhält die anvisierte Partnerarbeit durch verschiedene Formen der Arbeit mit Bildunterschriften, wie sie Hans-Jürgen Pandel vorschlägt (2008, 186f.). Es ist z. B. möglich, den Schüler/innen eine Auswahl verschiedener Bildunterschriften zur Verfügung zu stellen und sie die geeignetste auswählen zu lassen. Die Schüler/innen müssen sich dadurch im Rahmen ihrer Analyse ganz auf ihre Kompetenzen bei der Entschlüsselung der bildimmanenten Symbole konzentrieren und erhalten hierbei keine unterstützende Deutung des Abgebildeten durch die Bildunterschriften.

Bewusst verzichtet wurde bei diesen Aufgabenformaten allerdings auf den sechsten Schritt der Karikaturenanalyse, wie er in „Invitation to History" beschrieben wird: *evaluating cartoons as historical sources.* Zwar ist dieser Aspekt, in dem es um die Formulierung eines Sachurteils zur *message* der Karikatur vor dem Hintergrund ihres historischen Entstehungsorts und -zeitraums geht, von zentraler Bedeutung für die Arbeit mit einer Karikatur im Geschichtsunterricht, doch verlangt dieser Arbeitsschritt eine andere methodische Schwerpunktsetzung als die quellenimmanente Herausarbeitung der Bildelemente und -aussagen.

b) Sachurteil durch Kontextualisierung

Karikaturen-analyse und Sachurteil

Für eine angemessene Beurteilung der Kritik Heines am Verhalten der europäischen Kolonialmächte sind Schüler/innen auf zusätzliche Informationen angewiesen, die sich nicht unmittelbar aus der Karikatur entnehmen lassen. Methodisch rückt für das Lernziel des Sachurteils deshalb der Vergleich der Analyseergebnisse mit den Aussagen ergänzenden Textmaterials zu den imperialistischen Motiven der Europäer in den Mittelpunkt, wodurch der bilinguale Geschichtsunterricht an dieser Stelle einen deutlichen Fokus auf das historische Lernen legt und fremdsprachliche Aspekte in den Hintergrund treten. Um das sprachliche Anforderungsniveau für diese Aufgabe möglichst gering zu halten, empfiehlt sich die Verwendung eines Verfassertextes aus den einschlägigen bilingualen Unterrichtsmaterialien zum Imperialismus.

Schon vor einem Vergleich der *message* der „Kolonialmächte“ mit den historischen Motiven europäischer Kolonialpolitik sind die Schüler/innen zudem auf „grundlegende Informationen über den Zeichner, den Erscheinungsort und -zeitpunkt der Karikatur“ angewiesen (Sauer 2012, 104 f.). Dass es sich beim „Simplicissimus“ um eine der führenden Satirezeitschriften des Kaiserreiches handelte, die eine „bürgerliche liberale Richtung“ vertrat (Sauer 2012, 102), sollte bei der Analyse der Karikatur berücksichtigt werden. Nur mit Hilfe dieser zusätzlichen Informationen können die Schüler/innen als *message* der Karikatur herausarbeiten, dass laut Heine die verschiedenen europäischen Staaten ihren Kolonien „ihre typischen“ Verhaltensweisen aufzwingen, ohne die tatsächlichen Verhältnisse vor Ort oder die Bedürfnisse der kolonisierten Menschen ernst zu nehmen – wodurch eine eher milde Kritik insbesondere an der deutschen Kolonialpolitik zum Ausdruck kommt („ordnungsliebend“ o. ä.), während das britische Verhalten von Profitgier und Bigotterie geprägt ist. Eine grundsätzliche moralische Verurteilung des deutschen Strebens nach einem „Platz an der Sonne“ im frühen 20. Jahrhundert findet sich – ganz dem Zielpublikum des „Simplicissimus“ angepasst – in dieser Karikatur nicht wieder.

Mögliche Aufgabenstellungen

Auf welche historischen Motive der deutschen und britischen Kolonialpolitik nimmt Heines Spiel mit nationalen Stereotypen also Bezug? Und damit einhergehend: Welchen Quellenwert hat Heines „Kolonialmächte“ für die Beschäftigung mit dem Imperialismus? Diesen Fragen können Schüler/innen beispielsweise durch einen Vergleich eines entsprechenden Verfassertextes mit ihren Analyseergebnissen nachgehen, indem sie folgende Aufgaben bearbeiten:

1. Compare your findings on Heine's „Kolonialmächte“ with the historical motives for European imperialism presented in the text. Which of them can be found in the cartoon?
2. Discuss with your partner: What are your conclusions concerning Heine's „Kolonialmächte“ as a historical source for German and British imperial policy? (step six of „Analysing political cartoons“)

Zu erwarten wäre demnach vor allem, dass die Schüler/innen in der imperialistischen Politik der Europäer ökonomische, machtpolitische und (zivilisations)missionarische Zielsetzungen erkennen, die mit einem überhöhten Selbst- und Sendungsbewusstsein verbunden waren – was nicht nur zu einer radikalen Ausbeutung der Kolonien führte, sondern auch den Blick für die Realitäten vor Ort mitunter verstellen konnte. Insofern lässt sich zum Quellenwert der Karikatur herausarbeiten, dass Heine hier bildlich verdichtet die wichtigsten Motive der europäischen Kolonialmächte wiedergibt und sie auf humoristische Art und Weise mit gängigen Klischees über Verhaltensweisen „der Deutschen", „der Briten" etc. verknüpft. Es dürfte nicht zuletzt diese pointierte bildlich-symbolische Verdichtung des Imperialismus sein, die der Karikatur zu ihrer großen Verbreitung in Unterrichtsmaterialien für den (bilingualen) Geschichtsunterricht verholfen hat.

Zu bedenken ist allerdings, dass das von Heine karikierte typische Kolonisierungsverhalten von Deutschen und Briten zwar eine überspitzte Darstellung gängiger Klischees über die jeweiligen Länder ist, es allerdings als historisch belegt gelten darf, dass es tatsächlich einige Unterschiede zwischen deutschem und britischem Imperialismus gegeben hat. Anhand der Arbeit mit schriftlichen Quellen in einem vergleichenden Zugriff auf deutsche und britische Rechtfertigungen ihrer imperialistischen Zielsetzungen sowie die damit verbundenen sprachlichen Konstrukte lässt sich dies veranschaulichen.

4.2 „Scramble for Africa" oder „Wettlauf um Kolonien"? Schriftliche Quellen interpretieren und historische Begriffe vergleichen

Anwendungsbeispiel: schriftliche Quellen

„Während nicht-sprachliche [...] Quellen ihr Verstehen gerade durch das Fehlen von (schriftlichen) Erklärungen erschweren [...], widersetzen sich schriftliche Quellen dem Verstehen durch die ihnen eigene Sprache" (Schmelter 2012, 44). Dies trifft im bilingualen Geschichtsunterricht in einem doppelten Sinne zu, denn die Sprache der Quellen ist für

Schüler/innen immer eine fremde, weil vergangene Sprache, im bilingualen Geschichtsunterricht zusätzlich jedoch eine zu erlernende Fremdsprache. Zugleich liegt gerade in dieser doppelten Dimension der Fremdheit von Sprache ein besonderes didaktisches Potential, da sie zu einer vertieften Reflexion über die Wahl von Begriffen zur Beschreibung und Deutung historischer Phänomene anregen kann.

Dies gilt insbesondere dann, wenn für ein historisches Ereignis im Deutschen und in der jeweiligen Zielsprache des bilingualen Geschichtsunterrichts Begriffe zur Verfügung stehen, die unterschiedliche Deutungen nahelegen und somit einen Vergleich zweier Wahrnehmungen ein und desselben Ereignisses ermöglichen. So hat sich beispielsweise für die Beschreibung der Aufteilung Afrikas zwischen den imperialen Großmächten im späten 19. Jahrhundert im Englischen der Begriff „scramble for Africa" etabliert, während im deutschen Sprachgebrauch eher vom „Wettlauf um Kolonien" die Rede ist. Inwiefern spiegeln sich in diesen Begriffen Selbstverständnis und Legitimationen Großbritanniens und Deutschlands als Kolonialmächte? Dieser Frage lässt sich vor allem durch die Arbeit mit schriftlichen Quellen nachspüren. In Anbetracht des hohen Anspruchsniveaus dieses vergleichenden Ansatzes sind die folgenden Vorschläge vor allem für die Sekundarstufe II geeignet.

„scramble for Africa" vs. „Wettlauf um Kolonien"

Was steckt also hinter diesen Begriffen? Wie in Kapitel 4.1 angedeutet, waren die Motive der imperialen Bestrebungen der beteiligten Großmächte – und damit auch Großbritanniens und Deutschlands – mehr oder weniger dieselben. Höchst unterschiedlich waren dagegen ihr imperiales Selbstverständnis und die Legitimationen ihrer Expansionsbestrebungen. So hatte Großbritannien Ende des 19. Jahrhunderts, als der „scramble for Africa" einsetzte, bereits ein ausgedehntes Kolonialreich und reichhaltige Erfahrungen als Kolonialmacht. Das Deutsche Kaiserreich, auf der anderen Seite, hatte noch unter Bismarck in den 1880er Jahren einen zurückhaltenden Kurs in der imperialistischen Politik vertreten; dies änderte sich grundlegend erst mit der „Weltpolitik" der 1890er Jahre. Während Großbritannien sich dementsprechend als „imperialistischer Klassenprimus“ sah (Trepsdorf 2006, 3), der wirtschaftlich in den 1870er Jahren zwar unter Druck geraten, sich in seiner Vormachtstellung als Kolonialmacht aber zumindest von Deutschland nicht ernsthaft gefährdet fühlte, sahen die Vertreter einer deutschen imperialen Politik das Kaiserreich offenbar unter Zugzwang, da es in den „Wettlauf“ verspätet eingestiegen sei und sich davor hüten müsse, den Anschluss zu verpassen. Ein „gewisser Minderwertigkeitskomplex gegenüber Großbritannien“ (Zimmerer 2012, 13) drängte zu entschiedenem Handeln bei der Aufteilung des afrikanischen Kontinents.

Das unterschiedliche Selbstverständnis und die damit einhergehende Legitimation des eigenen imperialen Handelns Großbritanniens und Deutschlands werden auf sprachlicher Ebene also in den Begriffen „scramble for Africa“ und „Wettlauf um Kolonien“ greifbar: „Scramble“ wird meist mit „Gerangel“ oder „Gedrängel“ ins Deutsche übersetzt. Auf die Konkurrenzsituation der europäischen Kolonialmächte in Afrika wurde er erstmals in der *Times* vom 15. September 1884 in einem Artikel mit der Überschrift „The Scramble for Africa“ angewendet, der einen Überblick über den Stand der Aufteilung Afrikas bis 1884 geben will und diese als „game“ bezeichnet (The Times 1884). Im „scramble for Africa“ kommt damit das Selbstbewusstsein einer imperialen Großmacht zum Ausdruck, die den Kampf um Territorien in Afrika allenfalls als Gerangel, als Spiel wahrnimmt und das Phänomen in ihrer machtpolitischen Bedeutung, aber auch in ihrer brutalen Realität bewusst beiläufig abhandelt. Demgegenüber bekommt das deutsche Gefühl des Zu-spät-gekommen-Seins im Bild eines „Wettlaufs“ um Kolonialbesitz in Afrika eine weitaus weniger spielerische Note. Hier geht es offenbar um das Erkämpfen einer guten Position bei der Verteilung lebensnotwendiger Ressourcen.

Lernziele

Sollen diese unterschiedlichen Sichtweisen auf die Verteilung Afrikas mit Hilfe von schriftlichen Quellen im bilingualen Geschichtsunterricht erarbeitet werden, bietet es sich erneut an, zwischen zwei verschiedenen, aber aufeinander aufbauenden Lernzielen zu unterscheiden, die je eigene methodische Zugänge in der Unterrichtsgestaltung verlangen.

Schwerpunktlernziel	Methodischer Ansatz
Historisches Textverstehen: englische und deutsche Textquellen zu Legitimationen des Imperialismus interpretieren	Einsatz von Lesestrategien
Sachurteil durch Begriffsvergleich: Vergleich von Selbstverständnis und Legitimationen des Imperialismus in Großbritannien und Deutschland	Begrifflicher Vergleich: „scramble for Africa" – „Wettlauf um Kolonien"

a) Förderung des historischen Textverstehens durch Lesestrategien

Ehe die angestrebte begriffliche Problematisierung erfolgt, sollten den Schüler/innen die zeitgenössischen Legitimationen des Imperialismus in Großbritannien und im Deutschen Kaiserreich bekannt sein. Am besten gelingt dies durch Quellenarbeit, die dem Prinzip der funktionalen Mehrsprachigkeit folgt: Für die in Großbritannien angeführten Legitimationen sollte eine englischsprachige, für die von deutscher Seite formulierten Rechtfertigungen dagegen eine Quelle in der Muttersprache der Schüler/innen verwendet werden. Wichtig ist dabei allerdings der Hinweis, dass beide ausgewählten Quellen nicht *die* britische bzw. *die* deutsche Sicht auf den Imperialismus widerspiegeln, sondern es in beiden Ländern sowohl Befürworter als auch Gegner imperialer Expansion gab. Der Wunsch nach Förderung imperialer Ausdehnung wird vor allem in Quellen greifbar, die im Umfeld der verschiedenen Kolonialvereine in beiden Ländern entstanden sind. Deshalb wird die quellenbasierte Auseinandersetzung mit Legitimationen des Imperialismus im Folgenden anhand einer Rede Lord Roseberys anlässlich des 25-jährigen Bestehens des *Royal Colonial Institute* vom

1. März 1893 und des Gründungsaufrufs des *Allgemeinen Deutschen Verbandes* aus dem Jahr 1891 erörtert.

Jubiläumsrede im Royal Colonial Insitute

Wenden wir uns zunächst der Rede Roseberys zu, so handelt es sich um eine Jubiläumsrede, die gleich auf zwei Ebenen für die hier angestrebten Lernziele geeignet ist. Denn Rosebery, Mitglied der Liberalen und zum Zeitpunkt der Rede britischer Außenminister, nutzte den Anlass der Rede einerseits dazu, die wesentlichen Argumente für eine imperiale Politik Großbritanniens gebündelt zusammenzufassen, sah sich in Anbetracht der Jubiläumsfeierlichkeiten zum 25-jährigen Bestehen des *Royal Colonial Institute* aber andererseits dazu veranlasst, mit einigen saloppen Bemerkungen die fröhliche Stimmung der Feier weiter zu fördern. Somit kann die locker-gelöste Atmosphäre, wie sie uns in der Rede Roseberys überliefert ist, dazu beitragen, der heutigen Leserschaft einen Eindruck vom britischen Selbstverständnis als „imperialistischer Klassenprimus" zu vermitteln. Dies gilt umso mehr, als die Rede am folgenden Tag, dem 2. März 1893, in der *Times* im Rahmen einer umfangreichen Berichterstattung zur Jubiläumsfeier abgedruckt und mit Kommentaren zu den Reaktionen des Publikums versehen wurde. Dass Rosebery mit dem Herausgeber der *Times*, George Buckle, befreundet war und er die ihm wohlgesinnte Zeitung deshalb als Sprachrohr für seine politischen Überzeugungen nutzen konnte (vgl. Pakenham 1993, 489), mag die wenig distanzierte Berichterstattung der *Times* über diese Veranstaltung erklären.

Rede Lord Roseberys am Royal Colonial Institute in London am 1. März 1893 (The Times, 2. März 1893):

"The 25th anniversary banquet of the foundation of this institute was held last night at the Whitehall Rooms, Hôtel Métropole, the Earl of Rosebery in the chair. [...]

The *Earl of Rosebery*, in proposing 'Prosperity to the Royal Colonial Institute', said: – My Lords and Gentlemen, – The first sentence of my speech ought to be a continuation of the somewhat protracted list of apologies which has been read out by the secretary. I understand from those who are sitting near me that I was the last to join our gathering this evening, and it is necessary that I should explain that this is the day on which the proud occupant of the post which I hold has the privilege of receiving the *Corps Diplomatique*, one by one, throughout the afternoon, and that it is therefore in no sense the most convenient day for him to keep an engagement. (Hear, hear.) I may carry that apology one step further and say that that reception is of a somewhat exhausting nature, that the process is one of extraction on the part of your visitors, and that if I have any vigour at any time I can have little remaining after an afternoon spent in that way. (Laughter.) Therefore if I am not able to-night to do justice to the toast which I am proud to have intrusted to me, you will, I hope, put it down rather to the exacting character of my public duties than to any want of zeal in the discharge of the task which I am glad to have imposed upon me. (Hear, hear.) [...] When I open the numerous boxes which it is my fate to receive in the course of the day and night (laughter) I sometimes wonder whether I am Secretary of Foreign Affairs or Secretary for the Colonies. The function of those two offices have become so inseparably intertwined that it is not very easy for the Foreign Secretary of this country to discriminate exactly between functions that belong to his office and functions that belong to the kindred position which has been lately filled by my distinguished friend on my left (Lord Knutsford). I will give one instance. I have 20 questions of delimitation of frontier in progress at this moment; no less than ten of these are in Africa itself, and you may well imagine the perplexed condition of a Minister when he has half-a-dozen boxes sent to him containing maps and documents dealing with these questions, the documents being generally full of unintelligible expressions relating to unknown localities. (Laughter.) [...] To-night, on the silver wedding of the Colonial Institute with this mortal world in which we live, we cannot but be reminded of the inaugural banquet of the institute, which was attended by a long list of celebrities, most of whom have passed away from amongst us. […] Since 1868 the Empire has been growing by leaps and bounds. That is, perhaps, not a process which everybody witnesses with unmixed satisfaction. It is not always viewed with unmixed satisfaction in circles outside these islands. There are two schools who view with some apprehension the growth of our Empire. The first is composed of those nations who, coming somewhat late into the field, find that Great Britain has some of the best plots already marked out. (Laughter.) To those nations I will say that they must remember that our colonies were taken – to use a well-known expression – at prairie value (laughter), and that we have made them what they are. We may claim that whatever lands other nations may have touched and rejected and we have cultivated and improved are fairly parts of our Empire, which we may claim to possess by an indisputable title. (Hear, hear.) But there is another ground on which the extension of our Empire is greatly attacked, and the attack comes from a quarter nearer home. It is said that our Empire is already large enough and does not need extension. That would be true enough if the world were elastic, but, unfortunately, it is not elastic, and we are engaged at the present moment in the language of mining in 'pegging out claims for the future' (Laughter.) We have to consider not what we want now, but what we shall want in the future. (Hear, hear.) We have to consider what countries must be developed either by ourselves or some other nation, and we have to remember that it is part of our responsibility and heritage to take care that the world, as far as it can be moulded by us, shall receive the Anglo-Saxon and not another character. (Hear, hear.) I think that we, as we struggle in our parties about questions which are relatively small, should remember that the task of the statesman is not merely with the present but with the future, and that the energies of politicians should not be exhausted by the mere third readings of various Bills. (Hear, hear.) We have to look forward beyond the chatter of platforms and the passions of party to

> the future of the race of which we are at present the trustees, and we should in my opinion grossly fail in the task that has been laid upon us did we shrink from responsibilities and decline to take our share in a partition of the world which we have not forced on, but which has been forced upon us. (Hear, hear.) In the moulding of such sentiments as these you of the Colonial Institute have had a prominent part, and there is not one here present, be he a pioneer, settler, or one who has come later into the field, who will not drink with gladness the toast which I now propose. (Cheers.) [...]"

Erschließen der Textstruktur: unterteilen, lautes Denken und vergleichen

Es handelt sich hier um eine Quelle, die inhaltlich zwar zu der im zweiten Schritt anvisierten Problematisierung des Begriffs „scramble for Africa" passt und auf der Ebene des verwendeten Vokabulars für Schüler/innen der Sekundarstufe II zu bewältigen sein sollte, allerdings nicht nur wegen ihres teils komplexen Satzbaus, sondern vor allem wegen ihrer Länge und des in der *Times* verwendeten Layouts zu einer anspruchsvollen Lektüre werden kann. Denn obschon Rosebery seinen „toast" durchaus inhaltlich klar strukturiert vorträgt (Entschuldigung für spätes Erscheinen – Aufgaben des britischen Außenministers bzgl. der britischen Kolonien – Rückblick auf die Gründung des *Royal Colonial Institute* – Legitimationen imperialer Expansion Großbritanniens in Gegenwart und Zukunft), ist er in der *Times* ganz ohne Absätze oder anderweitige Hervorhebungen von Sinnabschnitten wiedergegeben. Der Einsatz geeigneter Lesestrategien ist deshalb essentiell für eine Förderung historischen Textverstehens bei der Arbeit mit dieser Quelle. Exemplarisch seien im Folgenden drei Strategien vorgestellt, die Schüler/innen den Zugang zu dieser umfangreichen fremdsprachlichen Quelle erleichtern können:

- Das *Unterteilen einer Quelle in Sinnabschnitte* und das *Formulieren passender Überschriften* gehört sicherlich zum methodischen Standardrepertoire der Quellenarbeit, ist aber nichtsdestoweniger ein wichtiges methodisches Mittel zur Unterstützung fachlichen Arbeitens mit sprachlich anspruchsvollen Texten (vgl. Leisen 2013, 142). Bei der vorliegenden Rede Roseberys gilt dies in Anbetracht der Länge und des Layouts des Quellentextes umso mehr, da Schüler/innen im Anschluss an diese Aktivitäten gezielter nach den von Rosebery angeführten Legitimationen des Imperialismus sowie nach Indizien für die Einstellung von Redner und Publikum zu dieser Thematik suchen können. Entsprechende Aufgabenstellungen könnten z. B. lauten:

1. Divide Rosebery's speech into sense units and find suitable headings for each paragraph.
2. Describe Rosebery's arguments for British imperialism and his attitude towards colonial expansion.

- Weniger weit verbreitet dürfte dagegen die Technik des *lauten Denkens* während der Lektüre einer fremdsprachigen Textquelle sein. Sie verfolgt die Zielsetzung, den Leseprozess der Schüler/innen zu verlangsamen und durch Verbalisierung der Gedankengänge zu einem bewussten Nachdenken über den historischen Kontext und den Erkenntnisgewinn des Gelesenen anzuregen. Wineburg, Martin und Monte-Sano erklären, wie das Verfahren des „reading for context" zur Förderung historischen Textverstehens der Schüler/innen eingesetzt werden kann:

  "Make sure every student has a copy [of the relevant source, Anm. Schlutow], then model how a historian would read and approach this document. First read aloud the source information and head note, pausing to generate questions and comments. Then read the contents of the document aloud, again pausing to parse a phrase, question a term, or wonder aloud. The point of this modeling is to 'think aloud', and make visible for students the active questioning and thinking that historians do as they read. After you work through the document, identify what questions you asked to establish historical context. [...] However, also include questions you don't have answers for; these may be used to show students that closely reading a historical document means specifying your ignorance and iden-

tifying what you need to know to understand it."
(Wineburg/Martin/Monte-Sano 2011, 39)

Diese Methode lässt sich sinnvoll auf die vorliegende Rede Roseberys übertragen, da es Schüler/innen in der durch die *Times* überlieferten Fassung der Rede möglich ist, den unmittelbaren und weiteren Kontext dieser Quelle zu rekonstruieren, ohne dabei jedoch alle beim Lesen auftretenden Fragen tatsächlich beantworten zu können (so erfahren wir in der Quelle beispielsweise nicht, auf welche „unknown localities" in Afrika Rosebery in seiner Rede anspielt). Damit können Schüler/innen durch das sorgfältige Befragen der Quelle Geschichte als Konstruktion wahrnehmen, die sich vergangener Realität annähern, sie jedoch nicht vollständig erschließen kann.

- Nicht zuletzt lässt sich aber auch der *Vergleich verschiedener Texte zum Thema* als wichtige Lesestrategie im bilingualen Geschichtsunterricht identifizieren (vgl. Leisen 2013, 142). Für den hier angestrebten Vergleich von Legitimationen und Selbstverständnis des britischen und des deutschen Imperialismus ist der bereits angesprochene Gründungsaufruf des *Allgemeinen Deutschen Verbandes* (des späteren Alldeutschen Verbandes) vom April 1891 äußerst ertragreich. Zunächst aus Empörung gegen den Sansibar-Vertrag von 1890 entstanden, entwickelte sich der Verband zu einer einflussreichen Interessenvertretung völkischer und imperialistischer Prägung, was im Gründungsaufruf deutlich zu Tage tritt.

Gründungsaufruf des Allgemeinen Deutschen Verbandes

Aufruf des Allgemeinen Deutschen Verbandes (später Alldeutscher Verband) von 1891 (aus: Mommsen 1977, 127f.):
„In die Mitte von Europa gestellt und an seinen Grenzen bedroht von fremden und feindlichen Nationalitäten, bedarf das deutsche Volk mehr als alle anderen Völker der vollen und einheitlichen Zusammenfassung seiner Kräfte, um seine Unabhängigkeit nach außen und die Entfaltung seiner Eigenart im Innern zu sichern.
Durch eig'ne Fehler und eine Reihe von weltgeschichtlichen äußeren Umständen ist Deutschland in dieser Zu-

sammenfassung seiner nationalen Kraft um Jahrhunderte zurückgehalten und von fremden Völkern im Westen und Osten weit überholt worden.

Erst die großen Kämpfe von 1866 und 1870 errangen die Schaffung des deutschen Einheitsstaates und damit die Grundlage, auf welcher unser Volk den Wettbewerb mit anderen Nationen aufzunehmen vermag.

[...] Es würde falsch sein, anzunehmen, daß durch die Errungenschaften der letzten Kriege die politische Entwicklung Deutschlands bereits ihren endgültigen Abschluß erreicht hätte. Noch ist der Ausbau des nationalen deutschen Reiches nicht beendet, und über See genießt unsere Flagge noch nicht das Ansehen, wie es der ersten Kriegsmacht Europas zukommt. Noch immer taucht alljährlich der große Strom unserer Auswanderung in fremden Nationalitäten unter, um daselbst dauernd zu verschwinden, und ein unter allen Umständen sicheres Absatzgebiet für unsere Industrie fehlt uns, weil uns eig'ne aufnahmefähige Kolonien in angemessenem Umfange fehlen. In einem Zeitalter, wo alle Staatswesen mehr und mehr darauf bedacht sind, sich nach außen hin wirthschaftlich abzuschließen, birgt dieser Umstand eine ernste Gefahr für unsere gesammte Volkswirthschaft in sich!

Wenn die praktische Lösung der angedeuteten Aufgaben in erster Linie der deutschen Politik anheimfällt, so vermag doch auch das Volk selbst in diesen Entwicklungsgang bestimmend mit einzugreifen. [...]

In solcher Überzeugung hat sich der ‚Allgemeine Deutsche Verband' begründet, welcher beabsichtigt, die Anschauungen unseres Volkes im Sinne seiner großen Weltaufgaben zu gestalten und darauf hinzuwirken, daß der weitere Gang der deutschen Entwicklung sich in der Richtung dieser Gesichtspunkte vollzieht. Der Zweck des Allgemeinen Deutschen Verbandes ist:

1. Belebung des vaterländischen Bewußtseins in der Heimath und Bekämpfung aller der nationalen Entwicklung entgegengesetzten Richtungen.
2. Pflege und Unterstützung deutsch-nationaler Bestre-

bungen in allen Ländern, wo Angehörige unseres Volkes um die Behauptung ihrer Eigenart zu kämpfen haben, und die Zusammenfassung aller deutschen Elemente auf der Erde für diese Ziele.

3. Förderung einer thatkräftigen deutschen Interessenpolitik in Europa und über See. Insbesondere auch Fortführung der deutschen Kolonial-Bewegung zu praktischen Ergebnissen."

Mögliche Aufgabenstellung

Die in der Quelle angeführten Argumente für eine imperiale Expansion des Deutschen Kaiserreiches können einerseits als symptomatisch für deutsches imperialistisches Denken in den 1890er Jahren gelten (vgl. Speitkamp 2014, 18) und lassen andererseits gerade im Vergleich mit der Rede Roseberys Folgerungen über das imperiale Selbstverständnis seiner Verfasser zu. Denn der „Topos vom Nachzügler, der bislang zu kurz gekommen sei und jetzt den ihm zustehenden Anteil verlange" (Speitkamp 2014, 35), prägt das Verlangen nach kolonialer Expansion aus dieser Perspektive. Eine entsprechende Aufgabenstellung für den bilingualen Geschichtsunterricht könnte z. B. lauten: „Compare the arguments for imperialism as they are revealed in Rosebery's speech and in the proclamation of the ‚Allgemeine Deutsche Verband'. What do the differences tell you about the attitudes towards imperialism among British and German imperialists?"

b) Sachurteil durch Begriffsvergleich

Potential des Begriffsvergleichs

Sein besonderes Potential für den bilingualen Geschichtsunterricht entfaltet der angestrebte Vergleich vor allem dann, wenn die Unterschiede im Selbstverständnis britischer und deutscher Imperialisten auch sprachlich auf den Punkt gebracht werden. Das kann – wie bereits angedeutet wurde – in diesem Zusammenhang über eine Kontrastierung der im Englischen und im Deutschen üblichen Wendungen zur Umschreibung der Aufteilung Afrikas im späten 19. Jahrhundert geschehen: „scramble for Africa" und „Wettlauf um Kolonien". Die leitende Fragestellung für ein Sachurteil durch Begriffsvergleich könnte also lauten: „To what extent do the terms ‚scramble for Africa' and ‚Wettlauf um Kolonien' reflect different attitudes towards imperialism among British and German imperialists?"

Sowohl inhaltlich als auch methodisch knüpft dieses Lernziel damit an die im vorherigen Abschnitt thematisierte Quellenarbeit an, da die begriffliche Problematisierung durch die Kenntnis von Argumenten und Rhetorik Roseberys sowie des *Allgemeinen Deutschen Verbandes* erst ermöglicht wird und sie somit als Vertiefung der Quellenarbeit durch Sachurteilsbildung umgesetzt werden sollte. Als Einstieg in diese Lernsituation kann beispielsweise ein kurzes Zitat aus dem eingangs erwähnten Artikel der *Times* vom 15. September 1884 (über OHP o.ä.) genutzt werden: „Since Germany has joined in the game there promises to be something like a scramble among the three great European trading nations for the possession of at least the West Coast of Africa" (The Times 1884). Im Unterrichtsgespräch ist dann zu hinterfragen, inwiefern aus der Sicht Roseberys und seiner Gesinnungsgenossen die Konkurrenzsituation um Kolonialbesitz in Afrika tatsächlich nicht mehr als ein „game" bzw. ein „scramble" war und welches die historischen Hintergründe für eine derartige Wahrnehmung waren. Daran anschließend können die Schüler/innen eigenständig nach einem geeigneten Begriff für die Beschreibung der Konkurrenzsituation in Afrika aus der Perspektive deutscher Imperialisten suchen, da eine zum „scramble for Africa" äquivalente Formulierung im Gründungsaufruf des *Allgemeinen Deutschen Verbandes* nicht geliefert wird. Naheliegend ist es dabei, dass aufgrund des im Vergleich zur Rosebery-Rede deutlich aggressiveren Tonfalls der deutschen Imperialisten Kampfbegriffe und/oder das Motiv des Zuspät-gekommen-Seins zum Ausdruck gebracht werden – „Wettkampf" oder „Wettlauf um Kolonien" also anstatt eines bloßen Gerangels unter Großmächten?

Begriffsvergleich und konzeptionelles Schreiben

Die begriffliche Problematisierung des Imperialismus aus britischer und deutscher Perspektive bietet über das Unterrichtsgespräch hinaus die Möglichkeit, fremdsprachliches und historisches Lernen durch konzeptionelles Schreiben zu fördern. Denn eine schriftliche Auseinandersetzung mit der eingangs formulierten Leitfrage kann zum einen als nützliche *scaffolding*-Strategie zur Förderung der Fachsprache in der Fremdsprache aufgefasst werden und ermöglicht es zum anderen, die Schüler/innen zu einer bewussten Auseinandersetzung dazu anzuregen, wie sie ihre historischen Deutungen und die hierfür relevanten Argumente sinnvoll strukturieren und sprachlich überzeugend vorbringen können. Werden die Schüler/innen also dazu aufgefordert, einen Essay zur genannten Problemfrage zu verfassen, so werden sie auf inhaltlicher Ebene dazu angehalten, eine These zu entwickeln und diese quellenbasiert anhand geeigneter, die These unterstützender und widerlegender Argumente zu diskutieren, während sie gleichzeitig auf sprachlicher Ebene eine angemessene Textstruktur entwickeln müssen, die ihre Argumentation unterstützt. Eine gute Hilfestellung kann hierfür ein „How To Write Your Essay"-Plan sein, wie er beispielsweise von Nicola Brauch und Marcel Mierwald vorgestellt wird (vgl. Brauch/Mierwald 2015, 116).

4.3 „What to do with the Rider?" Inhaltliche Argumente und sprachliche Mittel einer geschichtskulturellen Kontroverse analysieren

Anwendungsbeispiel: geschichtskulturelle Kontroverse

Auf der Ebene der Lernziele des bilingualen Geschichtsunterrichts ist mit dem Komplex der Werturteilsbildung ein zentraler Aspekt historischen Lernens in diesem Band bislang außen vor geblieben. „Werturteile spielen in der Unterrichtspraxis oft eine untergeordnete Rolle. Sie sind für historische Lernprozesse jedoch von grundlegender Bedeutung, weil sie den Bezug zur Gegenwart herstellen. Deshalb sollten sie durch entsprechende Lernaufgaben gezielt angeregt werden" (Thünemann 2015, 266). Es muss allerdings davon ausgegangen werden, dass die Zielsetzung der Werturteilsbildung im bilingualen Geschichtsunterricht sich auf einem ausgesprochen hohen Anspruchsniveau bewegt. Umso wichtiger ist deshalb die Erarbeitung geeigneter sprachlicher Mittel im Sinne eines *scaffolding*, um Schüler/innen bei dieser Denk- und Sprachleistung zu unterstützen.

Eine gute Möglichkeit, Schüler/innen zur Formulierung von Werturteilen anzuregen, liefert ohne Frage auch im bilingualen Geschichtsunterricht die Einbindung geschichtskultureller Kontroversen in die Unterrichtsplanung (vgl. Thünemann 2015, 264). So bietet es sich für den hier im Mittelpunkt stehenden Imperialismus etwa an, im Anschluss an die Beschäftigung mit dem Aufstand der Herero und Nama sowie seiner anschließenden brutalen Niederschlagung durch deutsche Schutztruppen in Deutsch-Südwestafrika von 1904 bis 1908 auch die jahrelangen Debatten um das berühmte Reiterdenkmal nachzuzeichnen und zu diskutieren, die sich rund 100 Jahre nach dem Aufstand um einen angemessenen Umgang mit dem kolonialen Erbe des heutigen Namibia im Zentrum der Hauptstadt Windhoek drehten (vgl. zusammenfassend Kößler 2013).

Hintergrund des Reiterdenkmals

Zum Gedenken der deutschen Opfer des Herero-Aufstandes wurde das Denkmal 1912 errichtet und stellt – da es bis heute nicht abgerissen wurde – auch im 21. Jahrhundert noch ein geradezu zynisches Symbol des deutschen kolonialen Machtanspruchs dar, weil es den Blick auf den im Anschluss an den Aufstand verübten Völkermord an den Herero und Nama verstellt (vgl. Kößler 2013, 463 ff.). Erst als die namibische Regierung Pläne für den Bau eines Unabhängigkeitsmuseums am Standort des Reiterdenkmals entwickelte, wurde in Namibia hitzig darüber diskutiert, was mit dem Denkmal zu geschehen habe: Sollte man es aufgrund seines Symbolgehalts abreißen? Sollte es, da es zum festen Bestandteil der Windhoeker Kulturlandschaft gehörte, an seinem aktuellen Standort bewahrt werden? Oder kam eine Versetzung, wenn nicht gar eine Überführung in das geplante Museum in Frage? Unter der Leitfrage „What to do with the Rider?“ können Schüler/innen im bilingualen Geschichtsunterricht zunächst die Positionen innerhalb der Kontroverse nachzeichnen, auf diesem Wege Einblick in die kognitive, ästhetische und politische Dimension der Geschichtskultur

Abb. 6: Das Reiterdenkmal in Windhoek, Namibia.

erhalten (vgl. Rüsen 1994, 11 ff.) und sich anschließend selbst in dieser Debatte positionieren. Hilfreich ist dabei, dass diese Kontroverse in der – teils englisch- teils deutschsprachigen – namibischen Presse gut dokumentiert ist und für den bilingualen Geschichtsunterricht damit ausreichend Material zur Verfügung steht. Die politischen, kognitiven und ästhetischen Dimensionen in der geschichtskulturellen Auseinandersetzung um das Denkmal lassen sich beispielsweise anhand der hier angeführten Zeitungsartikel rekonstruieren, die den Schüler/innen als Denkanstoß für ihr eigenes Werturteil dienen können.

The Namibian, 18.7.2008:

"To move or not to move: On the relocation of the Equestrian Monument in Windhoek …

By: Andreas Vogt

[…] The cabinet resolution of 2001 regarding the relocation of the Equestrian Monument in Windhoek remains problematic. The question was left open, exactly where to the historical monument was to be shifted (it was indicated vaguely, 'in front of the Alte Feste'), as is the design of the new 'Independence Museum'. Whether the Equestrian Monument finds a suitable place there, exactly where it is to be located, and exactly why it is to be moved, however, remains unclear. There is the acute danger that serious damage to the valuable monument can be expected. This could result from the inappropriate treatment of the Equestrian Monument, which cannot be rectified later. This precarious resolution is apparently motivated by the fact that a 'museum' dedicated to the Namibian liberation struggle is to be built at the current site of the Equestrian Monument. The design of the new 'Independence Museum' is likewise unknown. It is questionable, whether this decision was supported by a proper analysis regarding the will of the people in this matter, as well as a number of conservation issues, which take into consideration the following aspects concerning such a relocation of the monument:

1. Historical monument: The Equestrian Monument is a historical monument. It stands at its current place since its inauguration in the year 1912. It survived various changes of government in the past. The Equestrian Monument is one of the most prominent landmarks of Windhoek, and the best-known historical war memorial in Namibia. Together with the Christuskirche, the Alte Feste, Parliamant and the Head-Office of the National Museum it forms, as a historical ensemble, the historical core or centre of town of Windhoek. The envisaged relocation constitutes a substantial disturbance of an invaluable ensemble of historical buildings and monuments, which should not be made without most careful and thorough professional impact assessments. [...]

3. The Equestrian Monument as sculptural piece of art: As a bronze sculpture with high accuracy of detail, the Equestrian Monument is a high-ranking piece of art. In it, the artist Adolf Kürle created a masterpiece, which documents the 19th century sculpture art of Wilhelmian (Imperial) Germany. Unscathed, it outlasted a full century of historical tensions and fundamental political changes both in Germany and Namibia. That makes the monument a special cultural monument, particularly in the light of the fact that it is found not in Europe, but stands on African soil. [...]

5. Preservation in everybody's interest: The relocation of the monument under exclusion of the opinion of various groups or members of the public would boil down to an infringement on the cultural rights and unnecessary stirring of sentiments. [...] The decision for the relocation of the Equestrian Monument was made in 2001 unilaterally by Cabinet, without Parliamentary debate, without proper investigation by a team of conservation professionals convened by the National Heritage Council of Namibia, and without public debate or testing the sentiments of the public in this important matter. In other words, the decision to have it relocated was undemocratic. [...]

7. State's duty to preserve and protect soldier's graves and war monuments: [...] At all times and in all cultures, monuments were set up regarding the commemoration of the most diverse causes, and the most different persons. To respect and to maintain any monument should be a matter of principle. It is, however, understandable, if statues of the despots such as Louis XIV of France or dictators such as Stalin, Hitler or Mussolini were later demolished. These leaders despised the peoples whom they suppressed at the same time. The demolition of such monuments is therefore understandable. In the soldier's monument, however, it is the performance, the achievement and the loss of life and health of the soldier which is ap-

preciated. The soldier puts his own life at risk, involuntarily, driven by a sense of obligation and in the society's and public interest, and may even go down, get killed, wounded or missing in action. This is the fundamental difference between a monument, which serves a political personal cult, and a soldier's monument that acknowledges the personal performance and sacrifice of the individual soldier in a symbolical form, in an appropriate way. It is in this respect that it would be inappropriate to attach a purely political meaning to a soldier's monument, or use it exclusively in the context of a narrow ideological function. This would do utter harm to the multiple layers of symbolical meaning embodied in any monument. Nobody would question the popularity and the incredible powerful meaning of our Equestrian Monument, which is recognized and acknowledged among the broad masses of the population. There is no doubt that people have strong emotions about it, for whatever reasons, and there is debate, controversy and sentiment around it, and has been ever since it was put up. That proves, however, that it is indeed an important monument, because otherwise it would have been forgotten long ago. […]
Conclusion: […] For these reasons and the reasons specified above, the Namibian government is urgently advised against the relocation of the Equestrian Monument. The Equestrian Monument is to remain like it is, at its traditional place, it is to be further cared for and maintained, utilized, enjoyed and debated, and it is to remain, unscathed, because it is an invaluable piece of Namibian cultural property, a cultural and historical gem that qualifies for all forms of care and protection by law and statute."

The Namibian, 12.9.2008:
"The German Rider – An Apolitical Soldiers' Memorial?
By: Joachim Zeller
IN BERLIN THE Rider or Reiter, prominent and controversial colonial memorial between the National Museum and the German Lutheran Christuskirche and one

of the most frequently photographed monuments in Namibia, makes headlines again.

As will be recalled, Cabinet decided in 2001 to relocate the monument in favour of a new building to house a museum on Namibia's liberation struggle. The planned removal of the Rider from its present site is a fact. Opposition to this, as expressed now in various newspapers, and concerns which naturally stem mostly from German-speaking Namibians, read as rather belated and anachronistic.

Contrary to some recent comments, including an article by Andreas Vogt on the Rider in The Namibian (July 17 2008), the erection of the memorial in 1912 was not an apolitical act. The idea for a monument arose from the mourning of German colonial society at large over the death of white soldiers and civilians during the 1904-1908 war. However, it needs to be stressed that the memorial was not constituted as a memorial of mourning but as an unequivocal monument of victory. Its triumphal design and spatial prominence makes it a monument of power in profound ways.

In 1912, the Rider symbolically claimed and marked colonial territory, ownership and dispossession and has ever since continued to do so. As is well known, only those in power usually are in a position to exert the right to erect monuments and as such mark public space. Unveiling the Rider in January of 1912, the German Governor Theodor Seitz unambiguously stated: 'The brazen Rider of the Schutztruppe, who from this site overlooks the country, announces to the rest of the world that here we are the masters and will remain so.' Obviously, the heroic design of the Rider transformed the brutality of the colonial war against the Namibian population into a supposedly glorified war of defence.

Interestingly, the initial design made provision for another bronze figure at the base of the monument, depicting a mourning soldier. The jury of the commission who handled the project requested this figure to be omitted. It would have emphasised the character of a death memorial and as such would have distracted from the triumphal character of the victorious Rider. What remains is a plaque with the inscription of a list of the dead.

Erecting the monument in Windhoek as the colonial capital enhanced its function as a quasi-official symbol of sovereignty. The Rider represented German claims to power in the present as well as for the future. To this end, the specific type of monument chosen, i. e. that of a soldier on horseback, seemed to be the most fitting.

The Rider obviously refers back to the equestrian tradition of statues as symbols of imperial rule, which has existed since antiquity. Importing such an instrument of European power representation to the colony obviously implied a denial of African history and culture. The notion, as expressed in recent newspaper articles, that the Rider is 'simply' a monument of mourning, cannot be upheld.

Likewise wrong is the assertion that only monuments of despots of the likes of the French King Louis XIV or Stalin or Hitler were finally removed or demolished. One could ask what in any case was the colonial power system other than a despotic regime of exploitation? Such apologists overlook the fact that there have been voices in Namibia since the 1970s arguing for a critical handling of the Rider monument. Such an anti-colonial approach indicates that the monument has long lost its overarching symbolic reference character amongst the settler society at large and notably also amongst German-speaking Namibians. [...]

Its highly political and colonial character cannot be glossed over. An important question is what to do with the Rider once it has been transferred to a new site. Some want to retain its function as a site of commemoration. Which kind of commemoration? Why not transforming the new site of the Rider into a place and space for critical memory politics? Attempts in this direction have been likewise been voiced already in the 1990s!"

Allgemeine Zeitung, 10.10.2009:

„Staat verlangt Kommandohöhe

Angula: Interessenträger waren über den neuen Museumsbau informiert

Entgegen der Erfahrung der Öffentlichkeit behauptet Helmut Angula, Minister für Öffentliche Arbeiten und Transport, dass die Öffentlichkeit und alle Interessenträger über den Bau des neuen Unabhängigkeitsmuseums an der Alten Feste informiert worden seien. Hiernach folgt das AZ-Interview mit Minister Angula, das am 4. August beantragt wurde, aber erst am 30. September 2009 zustande gekommen ist. Die Fragen stellte Eberhard Hofmann.

AZ: Die Arbeiten am neuen Unabhängigkeitsmuseum zwischen der Alten Feste und der Christuskirche haben begonnen. Die Allgemeine Zeitung möchte für den Einblick der Öffentlichkeit gern Pläne und Skizzen des neuen Gebäudes veröffentlichen, das nach unserer Information vom Steuerzahler finanziert wird. Stehen solche Pläne für den Einblick der Öffentlichkeit zur Verfügung?

Helmut Angula: Ja, die Arbeiten am Unabhängigkeits-Gedenkmuseum (Independence Memorial Museum) haben begonnen und ich wurde informiert, dass es gut vorangeht. Die Zeichnungen des Museums stehen derzeit nicht zur Verfügung, denn es betrifft viele technische Einzelheiten und diese werden der Öffentlichkeit nicht vorgelegt, trotz der Tatsache, dass wir Steuergelder verwenden. Es gibt viele Projekte, die wir in diesem Land mit Steuergeld konstruiert haben, aber wir haben die Entwürfe oder Zeichnungen niemandem verschafft.

AZ: Das Gebäude wird eine höchst prominente, historische Stätte im Herzen von Windhoek einnehmen. Hat die Regierung die Öffentlichkeit oder andere Interessenträger, wie die Stadt Windhoek, die Windhoeker Steuerzahlervereinigung und/oder das Institut der Architekten oder andere Zivilorganisationen zur Erörterung der Wahl des Standorts eingeladen?

Helmut Angula: Ja, das Ministerium hat öffentlich rechtliche Interessenträger eingeladen wie den Heritage Council und den Kurator des Museums. Sie wussten, dass die Regierung das Unabhängigkeits-Gedenkmuseum an dieser historischen Stätte im Herzen der Stadt bauen wird. Das entspricht der Direktive oder dem Kabinettsbeschluss Nr. 16126.06.01/003. Es könnte aber nicht ratsam sein, die Frage mit der Steuerzahlervereinigung zu debattieren.

AZ: Wenn nein (niemand aufgefordert wurde), aus welchem Grund wurde das öffentliche Interesse ausgegrenzt?

Helmut Angula: Die Öffentlichkeit ist gut über die Konstruktion des neuen Unabhängigkeits-Gedenkmuseums informiert. [...]

AZ: Damit das Baugelände für das Museum hergerichtet werden kann, muss das gesetzlich proklamierte Denkmal, das Reiterstandbild, an eine andere Stelle verlegt werden. Warum hat die Regierung für die Verlegung und Wiedererrichtung des Standbilds keine Gelder bereitgestellt?

Helmut Angula: Die Regierung wollte das Standbild entfernen, aber der Deutsche Kulturrat hat darum ersucht, es zu versetzen und es zu verwahren, bis die Bauarbeiten am neuen Museum abgeschlossen sind.

AZ: Eine informelle Aufnahme durch die Allgemeine Zeitung sowie eine formelle Befragung der Öffentlichkeit durch einen Juristen (Andreas Vaatz) hat ergeben, dass 80 % der Befragten, hauptsächlich Schwarze, gegen die Verlegung des Reiterstandbilds sind. Hat die Regierung jemals erwogen, in der Sache die Öffentlichkeit zu befragen?

Helmut Angula: Wir sind keine Koalitionsregierung. Wir sind jeweils auf fünf Jahre gewählt. Die Exekutive (Kabinett) hat in ihrer Weisheit gehandelt, wie oben erklärt. Als die USA in Bagdad einmarschiert sind, haben sie zuerst die Saddam-Hussein-Statue gestürzt. Hier (in Namibia) haben die Befreier eine wohlgeordnete Übernahme durchgezogen.

AZ: Haben Sie eine Botschaft, die Sie der Öffentlichkeit zum neuen Museum vermitteln wollen?

> **Helmut Angula:** Es handelt sich um eine prominente Stätte, wo ein koloniales Denkmal stand. In keinem (unabhängigen) Land wird zugelassen, dass eine solche Statue einen derart prominenten Standort, eine solche Kommandohöhe einnehmen darf. Die Macht hat sich geändert. Andere haben die Verantwortung.
> **AZ:** Danke für das Gespräch."

Lernziele

Nicht nur auf der inhaltlichen Ebene der Kontroverse um Denkmalsturz, -versetzung oder -bewahrung lassen sich diese Artikel gewinnbringend in den bilingualen Geschichtsunterricht einbringen, denn Schüler/innen können mit ihnen auch lernen, welcher sprachlichen Mittel sie sich bei der schriftlichen Formulierung eines Werturteils bedienen können, um ihr Anliegen vorzutragen. Dies geht über das Bereitstellen eines „How To Write Your Essay"-Plans insofern hinaus, als ein solcher Plan sich lediglich auf der Makroebene der Textstruktur bewegt, die Mikroebene sprachlicher Wahlmöglichkeiten zur Formulierung des Essays dagegen unberücksichtigt lässt. Letzteres kann mit Hilfe eines an die funktionale Grammatik angelehnten *teaching-learning cycle* zur Produktion historischer Darstellungstexte in den Unterricht eingebunden werden (vgl. Coffin 2006; Schlutow 2015).

Schwerpunktlernziel	Methodischer Ansatz
Werturteil durch geschichtskulturelle Positionierung: „What to do with the Rider?"	Abstimmung mit den Füßen; Pro- und Kontra-Debatte
Werturteil durch *essay writing*: Textstruktur und sprachliche Wahlmöglichkeiten der *arguing genres* analysieren und anwenden	Anwendung des *teaching-learning cycle* im Rahmen einer geschichtskulturellen Kontroverse

a) Werturteil durch geschichtskulturelle Positionierung

Werturteil im Unterrichtsgespräch

Geschichtsunterricht, der dem Globalziel eines reflektierten Geschichtsbewusstseins verpflichtet ist, kann auf die Formulierung von Werturteilen nicht verzichten, da erst mit diesem Lernschritt der Gegenwarts- und Zukunftsbezug des verhandelten Unterrichtsthemas explizit diskutiert wird. Um die Formulierung von Werturteilen allerdings nicht auf eine weitgehend unreflektierte Meinungsbildung aus der Gegenwart heraus zu reduzieren, ist es von zentraler Bedeutung, dass den Schüler/innen bei der Artikulation ihrer historisch-politischen Urteile die zugrundeliegenden Kriterien und Kategorien bewusst sind (vgl. Kayser/Hagemann 2010, 38). Mit Hilfe des vorliegenden Materials ist dies gut realisierbar, da die drei Zeitungsartikel in exemplarischer Weise geschichtskulturelle Argumentationslinien aus der Perspektive des Politikers (Helmut Angula), des Geschichtswissenschaftlers (Joachim Zeller) und des Konservatoren (Andreas Vogt) widerspiegeln. So geht es Angula, dem namibischen Minister für Öffentliche Arbeiten und Transport, vor allem um die symbolische Präsenz von Herrschaft im Zentrum der Hauptstadt (vgl. „Kommandohöhe"), während Zeller das Denkmal vor dem Hintergrund seiner ästhetischen Gestaltung und der damit verbundenen politischen Botschaft als unzeitgemäßes Relikt kolonialer Vergangenheit interpretiert und Vogt – als ehemaliger Mitarbeiter des *National Monuments Council of Namibia* – in dem Denkmal ein zu bewahrendes Kunstwerk sieht. Im Unterricht können damit zunächst die Argumente der drei Positionen als Kriterien der Urteilsbildung aus den drei Zeitungsartikeln herausgearbeitet werden, um im Anschluss daran die Positionen der drei Akteure zu abstrahieren und mit der politischen, der kognitiven und der ästhetischen Dimension der Geschichtskultur drei Kategorien der Urteilsbildung zu definieren.

Über die Festlegung von Kriterien und Kategorien hinaus kann der Reflexionsgrad des Werturteils zusätzlich erhöht werden, indem die Schüler/innen nicht nur intellektuell, sondern auch physisch zu einer bewussten Urteilsbildung angeregt werden. Ein bewährtes Mittel dafür ist die Methode der „Abstimmung mit den Füßen", bei der die Schüler/innen durch das Aufstellen an bestimmten Positionen im Klassenraum auch auf der Ebene des Werturteils Stellung beziehen sollen. Weitere methodische Möglichkeiten, mit denen sich das Maß persönlicher Involviertheit der Schüler/innen im Prozess der Urteilsbildung steigern lässt, sind verschiedene Varianten des Rollengesprächs, z. B. in Form einer Pro- und Kontra-Debatte oder einer Fish-Bowl-Diskussion, in denen ein Teil der Klasse oder die gesamte Lerngruppe in die Rollen der geschichtskulturellen Akteure schlüpft und die jeweilige Position argumentativ vertritt. Von essentieller Bedeutung sind dabei allerdings das anschließende Heraustreten aus den eingenommenen Rollen und das Gespräch auf der Metaebene, in dem die abgelaufene Diskussion im Hinblick auf ihren Erkenntnisgewinn reflektiert wird.

b) Werturteil durch essay writing

Werturteil im Schreibprozess

Einen Ansatz, die angestrebte Werturteilsbildung nicht nur auf inhaltlicher, sondern auch auf sprachlicher Ebene zu reflektieren, stellt das konzeptionelle Schreiben dar. Der Nutzen dieses Ansatzes für ein integriertes Sprach- und Fachlernen ist außerordentlich hoch, denn das Schreiben erfüllt im Geschichtsunterricht neben einigen anderen Aufgaben auch eine (meta-)reflexive Funktion: „Die Schrift tritt nicht nur als Mittler zwischen die Sprache und ihren Nutzer, sondern auch zwischen die Sprachhandelnden und ihrem Denken, indem sie spezifische Varianten und Funktionen des Denkens unterstützt" (Hartung 2015, 225). Eine Möglichkeit der Umsetzung integrierten Sprach- und Fachlernens durch Schreibaufgaben wurde bereits in den 1980er und 1990er Jahren von australischen Pädagogen und Linguisten in Form eines *teaching-learning cycle* für den englischsprachigen Geschichtsunterricht entwickelt. Zumindest in Teilen kann dieses Konzept auf den bilingualen Geschichtsunterricht übertragen werden (vgl. Schlutow 2015, 129 ff.), weshalb es zunächst in der gebotenen Kürze vorgestellt und dann auf die Kontroverse um das Reiterdenkmal angewendet werden soll.

Sprachverständnis nach Halliday

Ausgangspunkt des australischen Konzepts war die Suche nach sprachlichen Fördermöglichkeiten im Fachunterricht für Schüler/innen mit Migrationshintergrund. Fündig wurden Caroline Coffin und andere dabei in einem Verständnis von Sprache im Sinne der funktionalen Grammatik nach Michael Halliday. Sprache wird demnach als „Wahlsystem" verstanden, das je nach „Sprechsituation die Wahl eines speziellen Sprachregisters nahelegt, die gewählten sprachlichen Strukturen gleichzeitig aber diesen Kontext erhärten" (Schrader 2013, 31). Um erklären zu können, in welcher Situation welches Sprachregister Verwendung findet, unterscheidet Halliday zwischen drei Metafunktionen von Sprache *(ideational, interpersonal* und *textual)*, die den kontextuellen Variablen *field* (als thematische Ebene der Kommunikationssituation), *tenor* (als die Ebene der sozialen Beziehungen zwischen den Kommunikationsteilnehmern) und *mode* (als die Ebene der strukturellen Organisation der Kommunikation, z. B. mündlich vs. schriftlich) zugeordnet werden (vgl. Halliday 2014, 30 ff.). Für den Geschichtsunterricht bedeutet dies, dass sich ein System von *key history genres (recording, explaining* und *arguing genres)* identifizieren lässt, in dem je nach Funktion des Textes im historischen Diskurs auf unterschiedliche sprachliche Mittel auf den Ebenen *field, tenor* und *mode* zurückgegriffen wird (vgl. dazu ausführlich Coffin 2006).

Der teaching-learning cycle

Ziel des *teaching-learning cycle* ist es demnach, Schüler/innen für die sprachlichen Wahlmöglichkeiten unterschiedlicher historischer Darstellungsgattungen zu sensibilisieren und ihnen damit eine Teilhabe am fachlichen Diskurs in einer ihnen zunächst wenig vertrauten Sprache zu ermöglichen. Dies geschieht in drei Lernschritten: In der *deconstruction phase* werden die Schüler/innen mit Beispieltexten des jeweiligen Genres konfrontiert, mit denen sie sowohl inhaltliche Aspekte des Unterrichtsgegenstandes als auch Struktur, Lexik und Grammatik der Texte erschließen. In der *joint construction phase* arbeiten sie an geschlossenen und halboffenen Aufgaben sowie am gemeinsamen Erstellen eines Textes dieses Genres im Klassenverband, ehe sie abschließend in der *independent construction phase* das eigenständige Verfassen dieses Genres zum relevanten Inhalt einüben.

Im Zusammenhang der Kontroverse um das Reiterdenkmal sollte bei einer Anwendung des *teaching-learning cycle* das Hauptaugenmerk auf die *arguing genres* gerichtet werden, die sich in die drei Untergattungen *exposition*, *discussion* und *challenge* unterteilen lassen und allesamt auf eine thesengeleitete, diskursive und argumentativ-abwägende Auseinandersetzung mit der Deutung historischer Ereignisse (oder in diesem Fall geschichtskultureller Rezeptionsprozesse) abzielen. Da die drei *sub-genres* je eigene argumentative Ziele verfolgen, unterscheiden sie sich in ihrer typischen Textstruktur. Die *exposition* ist darum bemüht, die Leserschaft von einer bestimmten historischen Interpretation zu überzeugen und verzichtet deshalb weitgehend auf das Nennen von Gegenargumenten. Die *challenge* nimmt dagegen ausschließlich die Gegenposition zu einer historischen Interpretation ein und argumentiert deshalb ähnlich einseitig. Die *discussion* kann als „a more balanced, neutral approach" (Coffin 2006, 80) angesehen werden, da sie um ein ausgewogenes Abwägen von Für und Wider einer historischen Interpretation bemüht ist.

Es gilt also in der Unterrichtseinheit zunächst die Textstruktur dieser *genres* zu erarbeiten und die typischerweise in ihnen verwendeten sprachlichen Mittel zu identifizieren, um beide Aspekte anschließend beim Verfassen eines eigenen Textes einzuüben. Das Interview der Allgemeinen Zeitung mit Helmut Angula ist hierfür nur als inhaltliche Beleuchtung der politischen Perspektive auf die Debatte von Interesse, die Texte Vogts und Zellers lassen sich dagegen exemplarisch den Gattungen *exposition* (Vogt) und *challenge* (Zeller) zuordnen, so dass die Schüler/innen auf hilfreiches Ausgangsmaterial zurückgreifen können, das in der *deconstruction phase* zu bearbeiten ist. In einem ersten Schritt können dementsprechend die unterschiedlichen Textstrukturen der *exposition*, der *challenge* (und als Zusammenführung beider *sub-genres* der *discussion*) aus den vorliegenden Zeitungsartikeln herausgearbeitet werden.

Field, tenor, mode

Der zweite Schritt der *deconstruction phase* sieht die Auseinandersetzung mit den sprachlichen Mitteln der *arguing genres* vor. Sie unterscheiden sich innerhalb der drei *sub-genres* nicht grundlegend, weshalb die Texte Vogts und Zellers im Hinblick auf *field*, *tenor* und *mode* gemeinsam untersucht werden können:

- Auf der Ebene des *field* zeichnen sich die *arguing genres* vor allem durch die Auseinandersetzung mit abstrakten Themenzusammenhängen aus (im Gegensatz zu den *recording genres*, in denen konkrete historische Ereignisse benannt und in eine zeitliche Abfolge gebracht werden; vgl. Coffin 2006, 85). Im vorliegenden Fall spiegelt sich dies insbesondere in den Fragen nach dem politischen, historischen und künstlerischen Symbolgehalt des Reiterdenkmals sowie in den Überlegungen zu einem angemessenen geschichtskulturellen Umgang mit der kolonialen Vergangenheit Namibias (vgl. u. a. „The German Rider – An Apolitical Soldier's Memorial?").
- Da mit dem *tenor* eines Textes die soziale Beziehung des Autors/der Autorin zur Leserschaft ausgedrückt wird, spielen für die *arguing genres* vor allem solche sprachlichen Mittel eine Rolle, die eine Nähe oder Distanz der vorgebrachten Argumente zum eigenen Standpunkt und zum vermuteten Standpunkt des Lesers/der Leserin betonen. Das bedeutet: Der Autor/die Autorin eines *arguing genre* kann nicht nur auf inhaltlicher, sondern auch auf sprachlicher Ebene bestimmte Argumente erhärten und andere widerlegen. Ein zentrales grammatisches Gestaltungsmittel hierfür ist der gewählte Modus, denn die Verwendung des Indikativ oder des Konjunktiv sowie verschiedener Modalverben können unterschiedliche Grade der Wahrscheinlichkeit oder der Plausibilität eines Arguments zum Ausdruck bringen (vgl. Coffin 2006, 86). So wählen Vogt und Zeller beispielsweise vorwiegend indikativische Formulierungen, um ihre Argumente als kaum hinterfragbar erscheinen zu lassen („That proves, however, that it is indeed an important monument" vs. „The notion […] that the Rider is ‚simply' a monument of mourning cannot be

upheld."), während eine *discussion* einige der aufgeführten Argumente wohl eher im Konjunktiv vorbringen würde. Typisch ist für *arguing genres* darüber hinaus die diskursive Bezugnahme auf alternative Deutungen und/oder ergänzendes (Quellen-)Material, wie sie von Zeller praktiziert wird. Und auch durch das Setzen von Anführungszeichen sowie die Verwendung verschiedener Adjektivattribute (z. B. *definitive, alleged* etc.) und Prädikate (z. B. *to assume* vs. *to claim*) oder bestimmter Adverbien *(understandably, rightly, wrongly* etc.) können verschiedene Grade der analytischen Distanz zum Ausdruck gebracht werden (vgl. Schönemann/Thünemann/Zülsdorf-Kersting 2010, 49 ff.).

- Was die Kategorie des *mode* betrifft, so sind die Texte der *arguing genres* durch ihre dichte Struktur geprägt, was sich unter anderem in der Verwendung von erweiterten Nominalgruppen und in Nominalisierungen niederschlägt. Als Ordnungsprinzip dient den *arguing genres* nicht die Chronologie (wie bei den *recording genres)*, sondern die Sachlogik – „the explanation unfolds in ‚text time' by means of a logical scaffold in which there is an elaboration of causes or consequences. Causes or consequences are thus frequently placed in Theme position, with numeratives (e. g. One, second) and connectors […] (e. g. finally), staging and structuring the explanation" (Coffin 2006, 71). Sowohl für Nominalisierungen als auch für die genannten Konnektoren lassen sich in den Texten Vogts und Zellers diverse Beispiele finden (etwa „The cabinet resolution of 2001 regarding the relocation of the Equestrian Monument in Windhoek remains problematic"; „however", „therefore", „obviously" etc.).

Schreiben als integriertes Sprach- und Fachlernen

Sind Textstrukturen und *key language features* der *arguing genres* identifiziert, können die Schüler/innen in der *joint construction phase* gemeinsam das Verfassen eines Textes der *arguing genres* vorbereiten, indem sie beispielsweise einen „How To Write Your Essay"-Plan für die anvisierte Textgattung entwickeln und Formulierungshilfen für die Präsentation der Argumente für oder gegen einen Abriss des Reiterdenkmals sammeln. Ziel sollte es sodann in der abschließenden *independent construction phase* sein, dass jeder Schüler/jede Schülerin zu der Frage „What to do with the Rider?“ einen eigenen Essay vor dem Hintergrund der erarbeiteten Kriterien und Kategorien der Urteilsbildung sowie unter Berücksichtigung der genretypischen Sprache der *arguing genres* verfasst. Zwar kommt die Umsetzung des *teaching-learning cycle*, wie sie hier umrissen wurde, wohl vor allem für die gymnasiale Oberstufe in Frage, doch kann sie exemplarisch verdeutlichen, dass die bewusste Auseinandersetzung mit den sprachlichen Mitteln historischer Darstellungen zu einer reflektierten Formulierung historischer Werturteile beitragen kann.

5. Fazit und Ausblick

Potentiale und Problemfelder bilingualen GUs

Anhand ausgewählter Quellen und Darstellungen wurde im vierten Kapitel erörtert, wie fremdsprachen- und geschichtsdidaktische Elemente die Planung von bilingualem Geschichtsunterricht beeinflussen. Je nachdem, ob die jeweils im Mittelpunkt stehenden Inhalte und Medien stärker aus sprachlicher oder aus fachlicher Perspektive in den Blick genommen werden, ergeben sich unterschiedliche methodische Zugänge in der Unterrichtsgestaltung. Deutlich wurde aber auch, dass sich beide Ebenen – sprachliches und historisches Lernen – im Idealfall ergänzen und bereichern, da sie bei einer angemessenen Unterrichtsplanung aufeinander Bezug nehmen. So dient der Einsatz verschiedener *scaffolding*-Maßnahmen bei der Interpretation der Karikatur „Kolonialmächte" zum Beispiel primär als Vorbereitung auf die inhaltliche Auseinandersetzung mit dieser Quellengattung, während das Verfassen eines Essays zur Frage „What to do with the Rider?" das Reflexionsniveau des angestrebten Werturteils steigern kann, indem Sprache als Instrument historischen Argumentierens verstanden und eingesetzt wird. Entscheidend für eine erfolgreiche Planung bilingualen Geschichtsunterrichts ist deshalb weder eine strikte Orientierung an der Fremdsprachen- noch an der Geschichtsdidaktik, sondern die didaktische Funktionalität von Inhalts-, Lernziel-, Medien- und Methodenwahl, wie sie bereits im Berliner Modell beschrieben wurde.

Es dürfte außer Frage stehen, dass kontinuierlich erteilter bilingualer Geschichtsunterricht in Form bilingualer Zweige oder ähnlicher, langfristig angelegter Modelle positive Auswirkungen auf die fremdsprachlichen Kompetenzen der Schüler/innen hat. Ein reines Erfolgsmodell – wie von Bildungspolitik und empirischer Forschung vielfach betont wird – ist dieses Unterrichtsprinzip per se jedoch nicht. Das zeigt sich schon bei der Frage der Inhaltsauswahl, denn Hallets Vorschlag eines *bilingual triangle* für die Inhalts- und Lernzielbestimmung bilingualen Sachfachunterrichts ist nur in Teilen kompatibel mit den curricularen Vorgaben zu den Inhalten des Geschichtsunterrichts. Auch bietet sich die Fremdsprache als Unterrichtssprache nicht für jedes Inhaltsfeld des Geschichtsunterrichts in gleichem Maße an. Diese Problematik setzt sich im Bereich der Medienwahl fort, denn das Prinzip der Quellenarbeit, wie es im deutschsprachigen Geschichtsunterricht etabliert ist, lässt sich nicht immer reibungslos auf den bilingualen Geschichtsunterricht übertragen (vgl. Schlutow 2015, 131 ff.). Die Forderung, angesichts dieser Problemlagen bilingualen Geschichtsunterricht gleich vollständig abzuschaffen, schießt jedoch über das Ziel hinaus. Schon die große Beliebtheit, der sich das Unterrichtsprinzip bei Schüler/innen, Eltern und Schulen gleichermaßen erfreut, steht dem entgegen. Vor allem jedoch können fremdsprachen- und geschichtsdidaktische Aspekte durchaus gewinnbringend miteinander kombiniert werden, ohne bilingualen Geschichtsunterricht auf einen erweiterten Fremdsprachenunterricht zu reduzieren.

Insgesamt erweist sich bilingualer Geschichtsunterricht damit als ein komplexes Unterrichtsprinzip, das in der didaktischen Forschung kontrovers diskutiert wird, zugleich aber eine anspruchsvolle und interessante Gestaltung historischer Lernprozesse ermöglicht. Einige Anregungen zur Übertragung der bislang vorhandenen Erkenntnisse in die Praxis wurden im vorliegenden Band vorgestellt. Aus dem exemplarischen Charakter dieser Ausführungen folgt jedoch, dass wichtige Aspekte einer Didaktik des bilingualen Geschichtsunterrichts hier nicht vertieft werden konnten. So wurde im vierten Kapitel zum Beispiel die große Bedeutung eines gattungsspezifischen Blicks auf Quellen und Darstellungen bei der Unterrichtsplanung deutlich – und zwar sowohl im Hinblick auf die Wahl der zu interpretierenden Medien als auch in Bezug auf die von den Schüler/innen zu erstellenden Texte. Weitgehend ungeklärt ist allerdings bislang die Frage, welche Gattungen historischer Quellen, Darstellungen und Schülerprodukte im Mittelpunkt des bilingualen Geschichtsunterrichts stehen sollten. Die Entwicklung einer solchen Gattungstypologie wäre deshalb eine lohnende Aufgabe für weitere Forschung, da sich die Kombination von sprachlichem und fachlichem Lernen auf dieser Ebene differenziert beleuchten lässt.

Ohnehin befindet sich die didaktische Diskussion um das Verhältnis von sprachlichem und fachlichem Lernen im Geschichtsunterricht bislang erst am Anfang. Inwiefern sich Diskussionsvorschläge, wie sie etwa im Jahresband 2015 der Zeitschrift für Geschichtsdidaktik zu finden sind, im Unterrichtsalltag niederschlagen werden, ist aktuell noch nicht absehbar. Klar ist allerdings, dass die Förderung des Umgangs mit der Sprache eines Faches – sei dies die Muttersprache der Schüler/innen oder eine Fremdsprache – auch in Zukunft eine wesentliche Aufgabe jeder Lehrkraft sein wird. Gegenüber seiner muttersprachlich erteilten Version kann für den bilingualen Geschichtsunterricht hier auf langjährige unterrichtspraktische Erfahrungen sowie einige empirische und theoretische Forschungsergebnisse zurückgegriffen werden, die es allerdings zu systematisieren und zu problematisieren gilt. So gelesen können sie jedoch über den bilingualen Geschichtsunterricht hinaus als Anregungen für ein vertieftes Nachdenken über den Zusammenhang von Sprache und historischem Lernen dienen.

Literaturverzeichnis

Alavi, Bettina: Geschichtsunterricht in der multiethnischen Gesellschaft. Eine fachdidaktische Studie zur Modifikation des Geschichtsunterrichts aufgrund migrationsbedingter Veränderungen. Frankfurt/M. 1998 (Interdisziplinäre Studien zum Verhältnis von Migrationen, Ethnizität und gesellschaftlicher Multikulturalität, Bd. 9)

Allgemeine Zeitung vom 10.10.2009, Windhoek 2009: Staat verlangt Kommandohöhe

Beetz, Petra/Blell, Gabriele/Klose, Dagmar: Den Anderen ein Stück näher: Fremdverstehen in bilingualen Lehr- und Lernkontexten Geschichte – Englisch. In: Blell, Gabriele/Kupetz, Rita (Hrsg.): Bilingualer Sachfachunterricht und Lehrerausbildung für den bilingualen Unterricht. Forschung und Praxisberichte. Frankfurt/M. 2005 (Fremdsprachendidaktik inhalts- und lernerorientiert, Bd. 9), S. 15-50

Berger, Jutta/Schmidtmann, Christoph: Referendariat Geschichte. Kompaktwissen für Berufseinstieg und Examensvorbereitung. Berlin 2014

Bernhardt, Markus: Bilingualität und historisches Lernen. Förderung von historischen Kompetenzen oder soziales Differenzkriterium? In: Hodel, Jan/Ziegler, Béatrice (Hrsg.): Forschungswerkstatt Geschichtsdidaktik 09. Beiträge zur Tagung „geschichtsdidaktik empirisch 09". Bern 2011, S. 214-223

Bernhardt, Markus: Bilingualer Geschichtsunterricht – Nein Danke! In: Public History Weekly 3 (2015) 21, DOI: dx.doi.org/10.1515/phw-2015-4268 (aufgerufen am 26.6.2015)

Breidbach, Stephan: Bildung, Kultur, Wissenschaft. Reflexive Didaktik für den bilingualen Sachfachunterricht. Münster 2007

Coffin, Caroline: Historical Discourse. The Language of Time, Cause and Evaluation. London/New York 2006

Cummins, Jim: Language, Power and Pedagogy. Bilingual Children in the Crossfire. Clevedon 2000

Geiss, Peter: Vom Nutzen und Nachteil des bilingualen Geschichtsunterrichts für das historische Lernen. In: Zeitschrift für Geschichtsdidaktik 8 (2009), S. 25-39

Günther-Arndt, Hilke/Handro, Saskia (Hrsg.): Geschichts-Methodik. Handbuch für die Sekundarstufe I und II. 5., überarb. Aufl. Berlin 2015

Hallet, Wolfgang: The Bilingual Triangle. Überlegungen zu einer Didaktik des bilingualen Sachfachunterrichts. In: Praxis des neusprachlichen Unterrichts 45 (1998), S. 115-125

Halliday, Michael A. K.: Halliday's Introduction to Functional Grammar. 4., von Christian M. I. M. Matthiessen überarb. Aufl. London 2014

Hartung, Olaf: Schreiben. In: Günther-Arndt, Hilke/Handro, Saskia (Hrsg.): Geschichts-Methodik. Handbuch für die Sekundarstufe I und II. 5., überarb. Aufl. Berlin 2015, S. 221-232

Hasberg, Wolfgang: Bilingualer Geschichtsunterricht und historisches Lernen. Möglichkeiten und Grenzen. In: Internationale Schulbuchforschung 26 (2004), S. 119-139

Hasberg, Wolfgang: Historisches Lernen – bilingual? Vorgaben für den englischsprachigen Geschichtsunterricht kritisch gelesen. In: Bosenius, Petra/Donnerstag, Jürgen/Rohde, Andreas (Hrsg.): Der bilinguale Unterricht Englisch aus der Sicht der Fachdidaktiken. Trier 2007, S. 37-63

Heimann, Paul/Otto, Gunter/Schulz, Wolfgang: Unterricht. Analyse und Planung. 10., unveränderte Aufl. Hannover u. a. 1979

Heine, Lena: Empirische Erforschung des Bilingualen Unterrichts. In: Hallet, Wolfgang/Königs, Frank G. (Hrsg.): Handbuch Bilingualer Unterricht. Content and Language Integrated Learning. Seelze 2013, S. 216-221

Helbig, Beate: Das bilinguale Sachfach Geschichte. Eine empirische Studie zur Arbeit mit französischsprachigen (Quellen-)Texten. Tübingen 2001 (Forum Sprachlehrforschung, Bd. 3)

Hobsbawm, Eric J.: Das imperiale Zeitalter 1875-1914. Neuausgabe Frankfurt/M. 2004

Kayser, Jörg/Hagemann, Ulrich: Urteilsbildung im Geschichts- und Politikunterricht. 2., unveränderte Aufl. Berlin 2010 (FachDidaktische Hilfen, Bd. 3)

Kieweg, Werner: Die lexikalische Kompetenz zwischen Wunschdenken und Realität. In: Der fremdsprachliche Unterricht Englisch 55 (2002), H. 1, S. 4-10

Kollenrott, Anne Ingrid: Sichtweisen auf deutsch-englisch bilingualen Geschichtsunterricht. Eine empirische Studie mit Fokus auf interkulturelles Lernen. Frankfurt/M. 2008 (Fremdsprachendidaktik inhalts- und lernerorientiert, Bd. 13)

Konferenz der Kultusminister der Länder in der Bundesrepublik Deutschland: Konzepte für den bilingualen Unterricht – Erfahrungsbericht und Vorschläge zur Weiterentwicklung. O.O. 2006. URL: http://www.kmk.org/fileadmin/veroeffentlichungen_beschluesse/2006/2006_04_10-Konzepte-bilingualer-Unterricht.pdf (aufgerufen am 9.7.2015)

Konferenz der Kultusminister der Länder in der Bundesrepublik Deutschland: Konzepte für den bilingualen Unterricht – Erfahrungsbericht und Vorschläge zur Weiterentwicklung. Beschluss der Kultusministerkonferenz vom 17.10.2013. O.O.2013. URL: http://www.kmk.org/fileadmin/veroeffentlichungen_beschluesse/2013/201_10_17-Konzepte-_bilingualer-_Unterricht.pdf (aufgerufen am 9.7.2015)

Königs, Frank G.: Mehrsprachigkeit und Bilingualer Unterricht/CLIL: Die Begriffsvielfalt von Mehrsprachigkeit. In: Hallet, Wolfgang/Königs, Frank G. (Hrsg.): Handbuch Bilingualer Unterricht. Content and Language Integrated Learning. Seelze 2013, S. 32-39

Kößler, Reinhart: Der Windhoeker Reiter. In: Zimmerer, Jürgen (Hrsg.): Kein Platz an der Sonne. Erinnerungsorte der deutschen Kolonialgeschichte. Frankfurt/M. 2013, S. 458-472

Kuhn, Bärbel: Bilingualer Geschichtsunterricht. In: Barricelli, Michele/Lücke, Martin (Hrsg.): Handbuch Praxis des Geschichtsunterrichts. Bd. 2. Schwalbach/Ts. 2012, S. 325-339

Lamsfuß-Schenk, Stefanie: Fremdverstehen im bilingualen Geschichtsunterricht. Eine Fallstudie. Frankfurt/M. 2008 (Mehrsprachigkeit in Schule und Unterricht, Bd. 8)

Leisen, Josef: Handbuch Sprachförderung im Fach. Sprachsensibler Fachunterricht in der Praxis. Grundlagenteil. Stuttgart 2013

Mierwald, Marcel/Brauch, Nicola: Historisches Argumentieren als Ausdruck historischen Denkens. Theoretische Fundierung und empirische Annäherungen. In: Zeitschrift für Geschichtsdidaktik 14 (2015), S. 104-120

Ministerium für Schule und Weiterbildung des Landes Nordrhein-Westfalen (Hrsg.): Kernlehrplan für den verkürzten Bildungsgang des Gymnasiums – Sekundarstufe I (G 8) in Nordrhein-Westfalen. Englisch. Frechen 2007

Ministerium für Schule und Weiterbildung des Landes Nordrhein-Westfalen (Hrsg.): Bilingualer Unterricht in Nordrhein-Westfalen. Düsseldorf 2011

Mommsen, Wolfgang: Imperialismus. Seine geistigen, politischen und wirtschaftlichen Grundlagen. Ein Quellen- und Arbeitsbuch. Hamburg 1977

Müller-Hartmann, Andreas/Schocker-von Ditfurth, Marita: Introduction to English Language Teaching. Stuttgart 2014

Müller-Schneck, Elke: Bilingualer Geschichtsunterricht. Theorie, Praxis, Perspektiven. Frankfurt/M. 2006 (Mehrsprachigkeit in Schule und Unterricht, Bd. 3)

Niemeier, Susanne: Bilingualismus und „bilinguale“ Bildungsgänge aus kognitiv-linguistischer Sicht. In: Bach, Gerhard/Niemeier,

Susanne (Hrsg.): Bilingualer Unterricht. Grundlagen, Methoden, Praxis, Perspektiven. 5., überarb. u. erw. Aufl. Frankfurt/M. 2010, S. 23-45

Osterhammel, Jürgen: Die Verwandlung der Welt. Eine Geschichte des 19. Jahrhunderts. 2. Aufl. München 2009

Otten, Edgar/Wildhage, Manfred: Content and Language Integrated Learning. Eckpunkte einer „kleinen" Didaktik des bilingualen Sachfachunterrichts. In: Dies. (Hrsg.): Praxis des bilingualen Unterrichts. 3. Aufl. Berlin 2009, S. 12-45

Pakenham, Thomas: Der kauernde Löwe. Die Kolonialisierung Afrikas 1876-1912. Düsseldorf u. a. 1993

Pandel, Hans-Jürgen: Bildinterpretation. Die Bildquelle im Geschichtsunterricht. Bildinterpretation I. Schwalbach/Ts. 2008

Pandel, Hans-Jürgen/Schneider, Gerhard (Hrsg.): Handbuch Medien im Geschichtsunterricht. 6., erw. Aufl. Schwalbach/Ts. 2011

Pflüger, Christine: Geschichtslehrerausbildung für den bilingualen Unterricht. Erfordernisse, Strukturen, Perspektiven für die erste Ausbildungsphase. In: Popp, Susanne u. a. (Hrsg.): Zur Professionalisierung von Geschichtslehrerinnen und Geschichtslehrern. Nationale und internationale Perspektiven. Göttingen 2013 (Beihefte zur Zeitschrift für Geschichtsdidaktik, Bd. 5), S. 223-246

Richter, Norbert: Bilingualer deutsch-englischer Geschichtsunterricht. Probleme und Erfolge. In: Geschichte in Wissenschaft und Unterricht 53 (2002), S. 87-103

Rüsen, Jörn: Was ist Geschichtskultur? Überlegungen zu einer neuen Art, über Geschichte nachzudenken. In: Füßmann, Klaus/ Grütter, Heinrich Theodor/Rüsen, Jörn (Hrsg.): Historische Faszination. Geschichtskultur heute. Köln u. a. 1994, S. 3-26

Sauer, Michael: Geschichte unterrichten. Eine Einführung in die Didaktik und Methodik. 11. Aufl. Seelze-Velber 2013

Sauer, Michael: Bilder im Geschichtsunterricht. 4. Aufl. Seelze 2012

Schlutow, Martin: Historisches Denken in der Fremdsprache. Bilingualer Geschichtsunterricht aus funktional-linguistischer Perspektive. In: Zeitschrift für Geschichtsdidaktik 14 (2015), S. 121-135

Schmelter, Lars: Bilingualer Geschichtsunterricht – (fremd-)sprachliche Herausforderungen bilingualen historischen Lernens. In: Diehr, Bärbel/Schmelter, Lars (Hrsg.): Bilingualen Unterricht weiterdenken. Programme, Positionen, Perspektiven. Frankfurt/M. 2012 (Inquiries in Language Learning, Bd. 7), S. 37-54

Schöllgen, Gregor/Kießling, Friedrich: Das Zeitalter des Imperialismus. 5., überarb. u. erw. Aufl. München 2009 (Oldenbourg Grundriss der Geschichte, Bd. 15)

Schönemann, Bernd: Europäische Geschichte in der neueren deutschen Geschichtsdidaktik – eine Bestandsaufnahme in systematisierender Absicht. In: Jahrbuch für Europäische Geschichte 9 (2008), S. 217-233

Schönemann, Bernd/Thünemann, Holger/Zülsdorf-Kersting, Meik: Was können Abiturienten? Zugleich ein Beitrag zur Debatte über Kompetenzen und Standards im Fach Geschichte. Berlin 2010 (Geschichtskultur und historisches Lernen, Bd. 4)

Schrader, Viola: Geschichte als narrative Konstruktion. Eine funktional-linguistische Analyse von Darstellungstexten in Schulbüchern. Berlin 2013 (Zeitgeschichte – Zeitverständnis, Bd. 26)

Schumacher, Stefanie: Analysing Advertisements – Ein Unterrichtsmodell für die Oberstufe (Klasse 11-13). In: RAAbits Englisch. Impulse und Materialien für die kreative Unterrichtsgestaltung. Ergänzungslieferung, H. 2/2008

Speitkamp, Winfried: Deutsche Kolonialgeschichte. 3., bibliographisch erg. Aufl. Stuttgart 2014

Thünemann, Holger: Unterrichtsplanung und Verlaufsformen. In: Günther-Arndt, Hilke/Handro, Saskia (Hrsg.): Geschichts-Methodik. Handbuch für die Sekundarstufe I und II. 5., überarb. Aufl. Berlin 2015, S. 257-268

Thürmann, Eike: Scaffolding. In: Hallet, Wolfgang/Königs, Frank G. (Hrsg.): Handbuch Bilingualer Unterricht. Content and Language Integrated Learning. Seelze 2013, S. 236-243

The Times: The Scramble for Africa. London 1884, Issue 31239, S. 8

The Times: Royal Colonial Institute. London 1893, Issue 33888, S. 6

Trepsdorf, Daniel: Afrikanisches Alter Ego und europäischer Egoismus. Eine komparative Studie zur Selbst- und Fremdenperzeption im Wilhelminischen Deutschland und Spätviktorianischen Großbritannien (1884-1914). Dresden 2006

Vogt, Andreas: To move or not to move: On the relocation of the Equestrian Monument in Windhoek ... In: The Namibian vom 18.7.2008

Weeke, Annegret: Invitation to History. Volume 1: From the American Revolution to the First World War. Berlin 2006

Wildhage, Manfred: History. Integration fachlichen und fremdsprachlichen Lernens im bilingualen Geschichtsunterricht. In: ders./ Otten, Edgar (Hrsg.): Praxis des bilingualen Unterrichts. 3. Aufl. Berlin 2009, S. 77-115

Wineburg, Sam/Martin, Daisy/Monte-Sano, Chauncy: Reading Like a Historian. Teaching Literacy in Middle and High School History Classrooms. New York u. a. 2011

Zeller, Joachim: The German Rider – An Apolitical Soldiers' Memorial? In: The Namibian vom 12.9.2008

Zimmerer, Jürgen: Expansion und Herrschaft: Geschichte des europäischen und deutschen Kolonialismus. In: Aus Politik und Zeitgeschichte 44-45/2012, S. 10-16